허영만의 주식 타짜

허영만의

주식타짜

단타의 고수 　한봉호
　　　　　　　설 산

글·그림 허영만

가디언

타짜들에게는
비장의 무기가 있다

"타짜"란 본인의 노름 만화의 제목이다.
어떤 분야에서 발군의 실력을 가진 사람이라는 뜻인데
노름 타짜, 야구 타짜, 연애 타짜 등등 많은 타짜들이 있다.
여기에서는 주식 타짜를 다룰 것이다.

여의도의 주식시장에는 워낙 운용 규모가 커서
사방에서 알아주는 타짜도 있지만
곳곳에 숨어서 개인적인 투자를 하는 타짜들은
서로를 잘 알지 못하는 경우도 있다.
자타가 공인하는 타짜 몇몇의 인터뷰는 실패했다.
바깥세상에 노출되어야 이로울 것이 없다는 것이다.

책으로 알게 됐거나 인터뷰가 가능했던
주식 타짜들의 스토리는 큰 줄기에서 비슷한 것들이 많다.
처음에는 잘나가다가 왕창 까먹고
한강에 한 번씩 갔다 와서 재기했다거나
혼란스러웠던 순간은 IMF와 9.11 테러 사건 때였다는
이야기 등이 어김없이 나온다.
그러나 그들은 그 어려웠던 순간을 기회로 삼았고
디딤돌을 마련했다.

다시 그런 순간이 온다면 우리도 그들처럼
주식으로 큰돈을 만질 수 있을 거라 생각할 수 있다.
하지만 그것은 쉽지 않다.
우리는 아직 준비되지 않은 맹탕들이기 때문이다.
어려움을 극복한 그들에게는 비장의 무기가 있었다.
그래서 우리도 기회가 왔을 때 놓치지 않도록
주식 타짜들의 투자 비법을 배워야 한다.
이것이 부자로 가는 길이다.

허영만

Cont

ents

허영만의

주식
타짜

단타의 고수

1

실전투자대회 18회 수상에 빛나는
스캘핑 고수

한봉호

광운대 경영대학원
주식투자트레이딩
책임지도교수

예?
우리나라에
주식투자를
전문으로 가르치는
대학이 없다고요?

예,
없었습니다.

왜냐하면 경영학에서는
일반적인 학문은 가르칠 수 있지만
실무는 가르치기 어렵거든요.
특히 주식투자는 위험 자산이라
이론만으로는 가르치기가 쉽지 않습니다.

트레이딩 관점에서 경험해보고
성공도 해본 좋은 마인드를 가진
강사를 구하기가 어려울 거예요.

그래서 제 은사님이
저보고 이런 전공이 있으니 지원하여
강의를 해보지 않겠냐고 하셔서 고민했습니다.

고민을 왜 했죠?
너도나도 교수 되기를
원하는데요?

위험 자산을
학문처럼 가르친다는 것이
어려워요.

또 종목을 추천해줬는데,
잘못해서 수익이 안 나면
곤란하지 않습니까?

전에 유행한 ○○○학과에서도
비슷한 일들이 있었다고 한다.

그렇지만 강의하기로 결심했다.

종목 추천의 폐해를 막기 위해서였다.
급등주, 인기테마주 또는 장외 주식을 매수하면
돈을 번다고 외치는 사람들이 있는데,
매도나 위험관리 등을 소홀히 하면 손해를 볼 수 있다.

또 선행 매수 후 종목 추천을 해서
시장에 부정적인 영향을 끼치기도 한다.

이런 걸 막아보자.
주식투자 방법을 나만 알고
무덤으로 가져간다는 것은
죄악!

위험 자산을 다루지만
주관적인 것을 최대한 객관화해서 가르치면
할 만하겠다고 생각했다.

그래서 작년에
처음 신입생을 모집했어요.

신입생 연령대가
궁금해요.

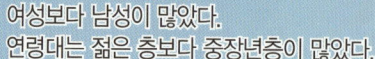
여성보다 남성이 많았다.
연령대는 젊은 층보다 중장년층이 많았다.

4년제 대학 졸업자를 받아들였으니까
학력도 높았다.

무엇을 배우려고 수강 신청을 했나 물어봤더니,
일부는 본인 업무와 관련된 전문성 제고를 원했고
다수는 주식매매 테크닉을 습득해서
재테크를 잘하고 싶다고 말했다.

직장이 평생 보장을 못 하니깐
미리 준비를 하겠다는 것이다.

나는 노인들에게
치매 방지용으로
주식투자를 권하고 싶어요.

화투 치면 좋다고 하지만 그것 가지고는 안 되고, 적은 돈을 주식에 신경 쓰면서 넣었다 뺐다 하는 게 최고의 치매 치료제, 치매 방지제일 겁니다.

그러다 갑자기 큰돈 넣으면 곤란합니다.

왜요?

치매가 심하면 돈을 얼마 넣었는지를 잊어버려요.

ㅎㅎ.

ㅎㅎ.

근데 작년 한 학기, 올해 한 학기 해보니까 종목 추천은 안 하는 게 좋겠더라고요.

교수님만 돈벌지말고 종목 몇개 주세요

사랑스런 제자들과 공유합시다

!

안됩니다!

에이~ 진짜죠

교수님 돈 나누는것도 아닌데 너무하신다~

밥을 떠먹여주면
절대 실력이 늘지 않기 때문이다.

밥을 떠먹여주면
숟가락 쓰는 연습도 안 할 것 아닌가?

실패를 경험해봐야
그다음 단계를 볼 수 있다.

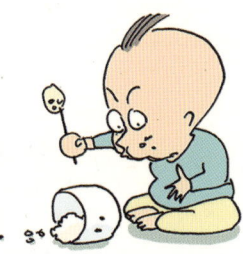

그… 그렇네요.

종목 물어보려고 했는데,
그만둬야겠어요. ㅎㅎ

전업 투자자들이 인터뷰를 꺼리던데,
인터뷰 허락해줘서 고맙습니다.

대체로 드러내는 걸
싫어하더라고요.

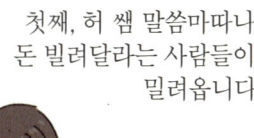

꼭 그런 건
아니지만
아마 이런 이유
때문일 겁니다.

첫째, 허 쌤 말씀마따나
돈 빌려달라는 사람들이
밀려옵니다.

둘째, 비정상적으로
돈을 버는 사람들이
있기 때문입니다.

비정상적?

지금껏 신문에 나온 방법들과
미공개 정보를 이용하는 자,

선행 매매 후 가짜 뉴스로
언론을 이용해 이익을 취하는 자.

이런 사람들은 문밖으로 나와서 말할 수가 없다.
그래서 인터뷰를 못 한다.

자기가 돈 버는 방법을
연구한 것이 아니라
우매한 사람들이 돈을
가져오게 하는 방법을
연구한 겁니다.

아~ 작전 같은 거….

한 교수님은 이 바닥에
어떻게 들어오셨어요?

저는 경제 전공도 아니고
화학 공부했었어요.
90학번.

IMF가 98년도에 왔었죠.
제가 29살 때였는데
모두 실직 상태였어요.

ㅎㅎ IMF 얘기는
빠지지 않는군.

나갈 돈도 없고,
나갈 곳도 없이,
집에 박혀 지냈다.

그 시절 한 교수의 동생이
주식매매를 하고 있었는데
미국 IT쪽이 성장해서
인터넷 붐이 일고 있을 때였다.

동생이 계좌를 만들어 10만 원을 넣고
주식을 매매하는 것이 너무 신기했다.

이야!
이거 신기하다!

형은
고스톱밖에
모르지.

돈을
넣고 빼고
넣고 빼고
그러다가
잃을 때보다
딸 때가 많으면
윈!

그때는 전문 서적이
지금처럼 많지 않고
굉장히 어려웠을 텐데…

막상 시작해보니
문제가 많더라고요.

서적도 많지 않았으니 지식도 부족하지,
또 증권사 수수료가 비싸더라고요.

당시에는 한번 사고팔면 1%가 수수료였다.

수수료 때문에
단타는
안 하셨겠네요.

원금이
100만 원이었으니까
회전율을 높여서
승부했죠.

증권사 수수료와 세금의 합이 1.3%니까
하루에 30번 매매하면
39%가 원금에서 까이는 것이었다.

원금을 지키고 어떻게 하면
벌 수 있을까만 생각했다.

그런데 아주
잘되더라고요.

공부를 많이
하셨나보네요.

아뇨. 그 당시에는
쉬웠습니다.

원금을 지키기 위해서는
매매 원칙이
딱 하나입니다.

좋은 주식의 주가가
떨어지면 사고
오르면 판다!

여러분
속지 마세요.

이렇게 아무나
하는 것 아닙니다.

어차피 좋은 주식은 시장에서 인기주이기 때문에
많은 사람의 추종 매수 세력이 모인다.
순간 변동 폭도 커지고 변동 폭에 의한 상승 추세라든지 박스권이라든지
하락 추세에서도 V자 반동이 나온다거나 하는 패턴을 발견할 수 있다.

그런 구간을 캐치해서
수수료 이상의 수익이 날 때만
들어갔다 나왔다 한다.

말은 쉬운데….

어쨌든
저는 그렇게 해서
수익을 냈는데
다른 사람에게
이렇게 얘기하면
이해를 못 하더라고요.

저는 이해합니다.

이런 얘기 같아요.

적당한 비유입니다.

연예인이나 예술가가 '끼'를 가지고 있듯
주식투자자들도 분위기라든지 남다른 '촉'이
분명 있다고 봐요.

처음에는 어떤 종목으로
재미 보셨어요?

그것은 정해져
있다기보다는….

2000년대 초반은
미국 나스닥 시장이 본격적으로 급락하는 시기였는데
우리나라 시장도 덩달아 급락했다.

주식을 보유하면 손해를 보는 시기였다.
주식을 보유하면 손해니까
보유 안 하는 것이 1차 목표였다.

그중에서도 주가가 급락하지만
곧 반등할 수 있는 좋은 주식.
그런 종목을 선정해서
반등하려고 할 때마다
들어갔다 나오는 것,
딱 이거 하나였습니다.

계속
"딱 이거 하나…."

우리 같은
깜깜이는
그런 걸 고르는 것이
문제로세….

우리나라는 변동 폭이 크지는 않아도
자잘한 변동 폭이 좀 있는 편이다.

시장의 주도주 같은 것은
시장이 급락해서 주가가 빠지더라도
주변 환경이 좀 변하면 다시 반등한다.

그런 것만 공부하자.

다 같이 떨어져도
같은 주식이 아니다.

다 같이 빠지는 중에도 반등하는 것이 있었다.

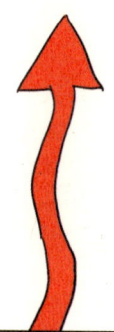

그런 걸
잘 잡아냈다고
봐야죠.

이건 정말
'촉'으로밖에
설명이 안 돼요.

책에서
가르치는 것
이외의
뭔가…
이런 거….

2018년에 전 세계적으로 주가가 한번 빠지니까
우리나라도 양대 축이 빠져버렸다.

바이오 헬스케어와 반도체 분야.

바이오 헬스케어는
회계적인 측면에
문제가 있어서
회복이 잘 안 됐고

삼성전자나 SK하이닉스는
2019년에 실적이
안 좋을 거라고 하니까
같이 빠졌다.

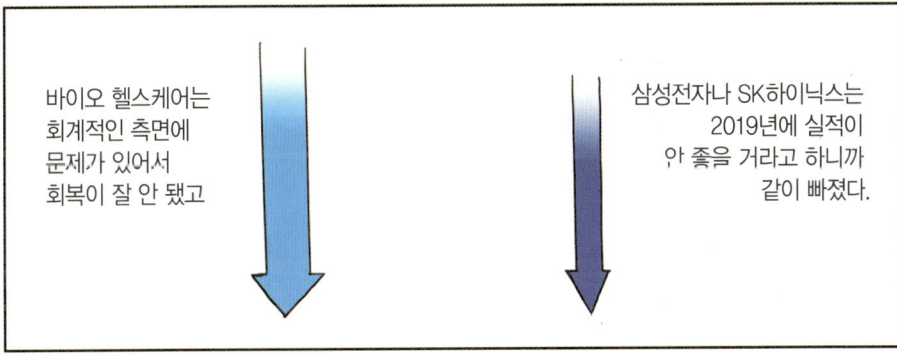

그런데
한 번 하락했다고
기업이 망하는 건 아니죠.
SK하이닉스 주식이
많이 올랐어요.

삼성전자는 액면 분할● 했는데도 아직 본전도 못하고 있잖아요.

주주 수는 많아졌는데 주가는 올라가지 않고 있지요.

저는 우리나라에서 주식투자가 어려운 원인을 찾아봤어요.

● 액면 분할
주식의 액면가격을 일정한 비율로 나눠 주식의 수를 증가시키는 일. 예컨대 액면가격 5,000원짜리 1주를 2,500원짜리 2주로 만드는 경우다. 시장 주가가 지나치게 높게 형성돼 주식 거래가 부진하거나 신주 발행이 어려울 때 행한다.

첫 번째, '코리아 디스카운트'●.

삼성전자가 지금도 저평가되어 있는데 어디까지 내려가라는 겁니까?

● 코리아 디스카운트
남북대치 상황에 따른 지정학적 불안 요인으로 인한 주식 저평가

두 번째, 시중에 나와 있는 수십 종의 주식투자 가이드 책은 미국식 시장 상황을 기본으로 두고 만들어졌어요.

허나 미국과 우리는 사정이 다릅니다.

세 번째, 그러다 보니 투자자들이 자신감을 잃고 전문가 모임을 찾아다니는데요.
비용 대비 효율성 측면에서 과연 옳은지 모르겠습니다.
우리나라 시장이 장기 박스권•에 갇힌 상태에서
고점 부근에서는 과열에 의한 '탐욕'이 생기고
바닥 부근에서는 '공포'에 의한 투매를 부르곤 하는데,
투자자가 심리를 반대로 바꾸면 좋은 결과가 생기지 않을까요!

● 박스권
주식의 가격이 최고점과 최저
점 사이에서 벗어나지 않는
상태가 계속 반복되는 구간

99년 처음 주식을
시작했을 때
잘되더라고
얘기하셨죠?
어째서죠?

그때 폭락하던 시장에서도
저는 수익을 내고 있었어요.
주식을 보유하면 손해니까
보유하지 않는다는
원칙을 지키면서 가는 주식은 뭘까,
시장을 눈여겨봤더니
보이더라고요.

그때 IT가 대세였는데
IT 기업이 줄줄이 폭락하는 가운데
어떤 기업은 반등했다.
사람들이 모이는 인기주였던 것이다.

그래서 그런 기업이 반등을 하면
하루에도 몇 번씩 사고팔아서
수익을 냈었고,
싸게 사서 비싸게 파는
매매를 할 수 있었다.

산삼 캐러 산에 갔는데
앞선 사람은 못 보고 지나친 걸
뒷사람이 보는 경우 같은 거네요.

그렇게
볼 수 있지요.

처음에는
내 눈에 보이니까
다른 사람들 눈에도
보이는 줄 알았어요.

그런데
다른 사람들은
거꾸로 매매하고
있더라고요.

저는 반등할 때 샀는데
사람들은 반등할 때 팔아요.

주가가 떨어지는 똑같은 상황을 보고
저는 '주가가 바닥을 칠 때 사고
고가일 때 팔아서
수익을 내야지' 생각하는데,
사람들은 주가가 하락하면
끝도 없이 추락할 거라고 보고
얼른 팔아야겠다고 생각하는 거죠.

주가가 빠지는 것만 보니까
마음이 불편한 거죠.

이미 사놓은 주식의 가격이
빠지니까 불편하다고요?

사놓은 걸
물릴 수도 있지만
주식이 없는 사람도
주가 빠지는 걸 보면
마음이 불편해요.

● 물리다
손실 중인 매수 종목
을 계속 보유하다

호가 창에서
매도는 계속 늘고
매수는 줄어요.
매도 물량은 계속 쌓이고요.

그러면
'이 종목은 틀렸구나.'
이런 생각이 들어요.

그러면 곧 자신의 주식을
서둘러서 손절매해버리거나
혹시나 하는 생각에
조금 더 버티다가
'이크!' 하면서
손절을 합니다.

그런데 이 상황을
한 교수는 반대로 생각한 것이다.

마음이 불편해서 매도한 투자자는
그 주식이 반등하더라도
매수하지 않는다.

덜컥 사고 만다.
허나 한 교수는
이미 손을 턴 후다.

급락 장이나 하락 장이 진행될 때에는
그때가 고점이다.
반등이 작게 일어나기 때문이다.

주가가 내려갈 때는
마음이 불편해서 팔았고,
주가가 올라갈 때는
마음이 편해서 샀다.

저는 주가가 바닥일 때
불편한 마음으로 사서
마음이 편할 때 팔죠.

똑같은 사람이고
상황도 똑같은데
판단은 이렇게 다르다.

이 작전은
단타에도 적용되고
연간 기준에서도
똑같이 유효합니다.

당일 매매(데이 트레이딩)는
순간적으로 집중해야
하기 때문에
머리를 많이
써야 합니다.

만화 그리는 것도
마찬가지예요.

머리를 쓰는 것이
그냥 보고서 쓰듯
하는 게 아니라
돈이 왔다 갔다 하니까
피가 마릅니다.

만화도 마찬가지죠.
잘 그리면 인기가 좋아져서
원고료가 오르고,
잘 못 그리면 인기가 떨어져서
원고료가….

한 교수 말씀
경청! 경청!

매매할 때
계속 극도의 정신력을 사용하면
몸과 심장이 금방 상한다.
그래서 한 교수는 연구했다.

처음에는
하락장에서
단기 매매로
수익을 내는 방법을
찾는 것으로 시작했죠.

이후에는 상승장에서 매매했다.
상승장에 맞는
매매 방법을 연구했고
지금은 전체 시장과 관련된
매매 방법을 연구한다.

우리나라는 미국과
시장구조가 다르니까
워런 버핏(Warren Buffett)식 장기 보유를
그대로 똑같이 따라 할 필요는 없다.

시장 전체와 관련해서
국내외 정치·경제의 변화를 항상 체크하고
국내 시장의 대표적인 성장 산업을 눈여겨본다.
우리나라 경제는 수출 주도형이어서
미국, 중국과 같은 경제 강대국의 영향을
많이 받는다는 점도 참고한다.

박스권 하단에서
성장하는 산업의 주식을
여럿 사두면 시간 여유가 생겨서
다른 일도 할 수 있어요.

아, 그래서
강의도
하는 거군요.

소문에는 100억을
운용하신다는데….

그리고 기대 이상의 수익을
올리기 위해서는
시장에서 유행하는
인기테마주의 발생-확장-축소
세 가지 과정을 통해
주가·수급의 움직임을
잘 살펴보는 것이 중요합니다.

그런 걸 염두에 두고 보면
인기테마주는
시간이 지나면서
계속 교체되지만
주가나 수급의 움직임에는
어떤 공통점이 있다는 걸
알게 됩니다.
재료와 함께 거래량, 변동성,
추세나 패턴 같은 것들로
변화를 판단하지요.

2000년에
IT가 떴다면
그 이후에는
바이오 헬스케어가
떴고요.

100억 맞습니까?

규제·제도 미비 등의 문제로
제품·서비스 시장이 확대되지 않고
자본이 원활하게 유입되지 않아 발목을
잡고 있는 것이다.

아…
좋은 기술이 있다고,
가능성이 보인다고
무조건 넣으면 안 된다.

맞아요.
주의가 필요합니다.
성급하게 투자하기보다는
과정을 꼼꼼히 체크할
필요가 있습니다.

그래서
제가 잘할 수 있는 부분에만
투자를 합니다.

장이 안 좋으면 좋은 쪽으로
몰아넣나요?
빼버리나요?

뺍니다!

2018년의 경우
삼성바이오로직스 회계 문제,
노사 간의 갈등 등
코리아 디스카운트가 부각되며
투자하기 어려운 환경이
조성되더라고요.

하반기에는
미중 무역 분쟁이
본격화되었고요.

우리나라 수출입이
중국 의존도가 높은데 걱정입니다.
'고래 싸움에 새우 등 터진다'는 말이
생각납니다.

가을이 오기 전에
싹 빼냈습니다.

잘하셨네요.
그때 코스피 지수가
2,400포인트였어요.

곧바로 2,000으로 떨어졌지요.

작년에 손실이
있었나요?

아뇨. 중장기 종목은
손실이 없었어요.
하지만 수익도 크질
않았어요.

지금은?

주식시장 전반의 비전이
아직 불분명하여
중장기 투자는
들어가지 않고 있습니다.

제 경험을 사람들에게
얘기해주고
싶어요.

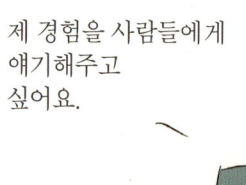

시행착오는 줄이고
무모한 매매는
하지 말라고요.

'주식 서적을 그대로 믿지 마라.'
'언론 기사 내용을 그대로 믿지 마라.'
이런 얘기를 해주고 싶어요.

그러면
믿을 데가
없는 거네요.

현재의 경기를 판단하는 지표 중에
'경기동행지수 순환변동치',
'경기선행지수 순환변동치'라는
것이 있는데,

두 지표가 동시에
10개월째 하락 중이에요.
경기가 안 좋다는 거죠.

그런데 경제 기사를 보다 보면
고용이 잘되고 있으니까 경기가 살아날 것이라고
말하는 기사가 가끔 있다.

아무 경제 지식이 없는 사람은
좋다고 하니까 덜컥 주식을 산다.

국내 증시가 박스권에 있지 않고 성장하는 산업이 많다면
큰 문제가 안 되겠지만, 결과는 그리 좋지 않다.

주요 정치 상황이나 경제정책은
챙겨보는 편입니다.
우리나라는 수출 주도형 경제여서
영향을 많이 받으니까요.

중국, 미국, 일본 시장도
들여다보시나요?

지금까지 투자해오신
애기를 들어보면
큰 위기는 없었겠어요.

맞습니다.
무리한 투자는
안 하니까요.

간단하게
소수의 종목만 가지고 매매하는
방법이 있어요.

시기마다 평균 이상의 이익을 얻는
대표 우량주들이 있습니다.
최근 반도체 업종처럼요.
이걸 잘 선정해가지고…

① 국내외 여건으로 시장이 좋지 않으면 주가가 하락하길 기다린다.

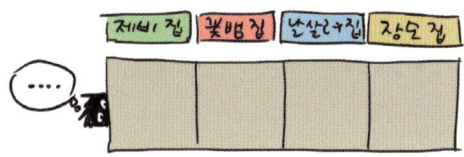

② 상황이 바뀌어 주가가 오르기 시작하면 골라놓은 기업 하나만 산다.

③ 어느 정도 오른 뒤 더 이상 오를 수 없다고 판단되면 판다.

④ 그 기업의 주가가 또 떨어지면 기다렸다가 반등이 시작될 때 산다.

⑤ 우량주를 택해서 우리나라 경기 사이클에 맞춰서
계속 사고판다.

이렇게 꾸준히
수익을 내는 분들이
꽤 있습니다.

생각보다
수익도 큽니다.

아!
내가 따라 하고 싶은
매매 방법입니다.

관심 있는 기업의 주가가
어떤 이유로 움직이는지 알 수 있습니까?
추종 매수세의 움직임이나 변동성 그리고 추세를 판단하여
매수·매도의 타이밍을 알 수 있습니까?

그렇다면 단기 매매는 어떻게 해야 할까?
단기 매매에서 성공하는 데는
몇 가지 조건이 있다.

주식을 샀을 때
본능적으로 '빨리 팔아야 해' 하고
압박을 느껴야 한다.
단기 매매에 꼭 필요한 자질이다.

이런 사람들은 주식을 오래 보유하면
심장과 머리가 불편해지기 때문에
매수 뒤 얼마 안 돼
주식을 바로 팔려고 한다.
주식시장에서는 성격이 불같아 보인다.

매매가 시작되면 바로바로 매수와 매도를 끝낸다.
손실의 벽을 넘고 큰 수익을 내고자
전투력이 어마어마하게 강해진다.

단기간에 높은 집중력을 발휘한 덕분에
강한 정신력으로 그 상황을 넘는 방법을
빨리 깨우친다.

성공 확률이 높아지는 기간이
남들보다 빨라진다.
적을 보고 물러서지 않는
임전무퇴의 정신력이
필요하다.

허나, 성격이 불같은 사람의 최대 약점은
실수해서 마이너스가 되었을 때
원금 복구를 위해 여기저기 마구 들이댄다는 것이다.

이럴 때 절대적으로 필요한 것은 절제하는 능력이다.
급하면서도 절제할 수 있는 성격은
큰 투자자가 될 수 있는 중요 조건이다.

이런 유형이 실제로
주변에 여럿 있어요.
어려운 시장에서도 꾸준히
고수입을 올리고 있더라고요.

단기 투자자의 자질은
급해야 하지만
급한 성격 때문에
실수하게 되면
큰 손해가 발생합니다.

단기 매매를
하는 사람 중에
분노를
다스릴 줄 아는 사람은
거의 다 성공했습니다.

투자자 대다수는 분노를 조절하지 못해서 실패한다.
이성을 잃으면 뇌동 매매자가 되고
결과는 고점에 매수하여 저점에 매도하는
악순환을 계속하게 된다.

강습하는 데 가면 분봉 차트 보기나
외국인의 매수 스타일 읽기 등을 가르치는데,
이런 기술들은 더하기, 빼기, 곱하기, 나누기 수준에
불과하다.

써먹어볼까 하는 미적분 수준의 투자 기술은
자기 분노에 대한 조절 능력으로 익힐 수 있는 것들이다.

나의 실수로 손해를 볼 수도 있고
시장의 변수로 손해를 볼 수도 있다.
크게 벌었어야 할 때 벌지 못했을 수도 있다.

이때 분노가 생길 수 있다.
이 분노를 누가 빨리 조절해서
원금 보전을 하느냐가 중요한데….

주식형 인간은 일정 시간 시행착오를 겪다 보면
시절마다 수익을 얻는 여러 가지 모델을 만들 수 있게 된다.
스캘핑, 추세 매매, 종가 홀딩 매매, 테마주 따라잡기, 스윙 등.

그러다 어느 날
자기 원칙을 무시하고 '몰빵'한다.

한탕으로 만회하려다가
3개월에 벌어들인 수익을 하루에 다 날려버린다.

그 이후로 판단이 흐려져서 거꾸로 매매를 한다.
조금 들어가야 할 종목에 많이 들어가고 사지 말아야 할 구간에서 사고
팔지 말아야 할 구간에서 판다. 상실감에 의한 분노 때문이다.

그러나 10m가 문제다.

몇 천에서 몇 억 벌어들인
모든 단기 투자자가 망하는 이유가 이것이다.

한편 수십 억 벌어들여
까딱없던 투자자들이 망하는 이유는 따로 있다.

그는 여태껏 습득한 기술로 시장에 잘 대응하고
자금을 잘 관리해서 승승장구하고 있다.

그런데 어느 순간
수익이 전과 같지 않음을 느낀다.

시장은 하루아침에 변하지 않는다.
특별한 경우를 제외하고는 완만한 곡선을 유지한다.

한번 기술을 습득하면
몇 달, 혹은 1년을 공부 안 해도
매매에는 문제없다.
단기 매매자의 기술은 강한 집중력으로
정해진 구간에서 매수와 매도를 반복함으로써 생기는
무형의 기술이다.
보이지 않지만 한번 생기면 오래간다.

그래서 공부를 게을리하다 보면 어느 날 매너리즘에 빠져버린다.
시장 변화에 대응하지 못해서 수익이 확 줄어든다.

수익이 안 나면
문제를 발견해야 하는데
벌었다고 한잔,
손해 봤다고 한잔.

공부를 장시간 안 하니
집중력도 떨어지고
분석도 잘 안 된다.

이때는
상실감이 아니다.
분노다.

(열고: 열불 나서 GO)

시장이 좋으면 '열고'도 통할 때가 있지만
시장이 나쁘면 안 통한다.

분노 조절 장애.

대부분의 일반 투자자가
오해하는 부분이 있다.
분봉 차트*와 같은 자료 분석만을
중요하게 생각하는 것이다.
작게는 현재가 창에서
매도·매수의 잔량 변화와 체결의 변화를,
크게는 과거 인기테마주의 공통점을
이해하지 못하고,
시장과 종목에 대한 연구도 부족하다.

이런 정도는
시중에 나와 있는 책에
다 들어 있다.

자료를 분석하면 요술 지팡이 휘두르듯
'돈 나와라, 뚝딱!' 해서 수익을 낼 만한
대단한 기술이 나올 것 같지만,
주식투자는 그런 것이 아니다.

요술 방망이는
절대 없다.

분노하는 상황은 이해됩니다.

성질나서,
단순 몰빵을 해서
망한 사람이 많은 이유가
분노 조절 장애
때문이었군요.

참는 자에게 복이 있나니
천국이 너희 것이니라.

교회 문턱도
못 넘은 자가!

그런데 손절 폭을 정해놔도 손절을 안 한다.

여기까지
힘들게 벌었는데
어떻게 던져!
금방 만회할꺼!

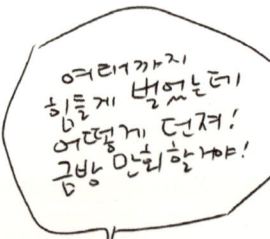

대강 종목 분석만을 파악하고 난 뒤
매매에 들어간 투자자는 이런 생각을 한다.

투자자들이 망하는 주된 이유다.

처음에는 여윳돈으로 시장에 들어갔지만
이번에는 집 판 돈으로 덤빈다.

그러나 첫 번째 손절 못 한 사람이
두 번째라고 손절할까?

징검다리용 돌을 딛고 물을 건너면 꽃밭이다.

적당히 하고 말았어야 했다.

망하는 두 번째 이유는
매도·매수를 거꾸로
한다는 것이다.

많이 올랐을 때 사고
많이 빠졌을 때 판다.

망하는 지름길이다.

'탐욕 구간에서 매수하고
공포 구간에서 손절한다.'
유명한 격언이죠.

▶ 당일 매매의 탐욕 구간은
수 초 또는 수 분 안에
주가가 크게 상승하고
거래량이 크게 늘어나며
매도에 의미가 있는 큰 물량을 돌파할 때
강하게 나타난다.

▶ 장기 박스권 상단의 탐욕 구간은
언론에 대박의 기대감을 갖게 하는 기사가
자주 노출될 때 나타난다.
평소 주식투자에 관심이 없던 사람도
많은 사람이 주식투자로 돈을 벌었다는 얘기가
여기저기서 들리면
일부가 자연스럽게 합류한다.

망하는 단기 매매에는 두 종류가 있다.
탐욕 구간에서 매수한 주식은
순간적으로 주가가 내려갈 때 '어어!' 하다가
손절매 타이밍을 놓치는 경우가 많다.
결국 공포 구간인 바닥에서 손절매하여 손실을 확정한다.
반대로 바닥에서는 매도세의 공포 분위기에 눌려
매수를 주저주저하다가
주가가 탐욕 구간에 들어설 때 과감하게 매수한다.
거꾸로 매매의 달인이다.

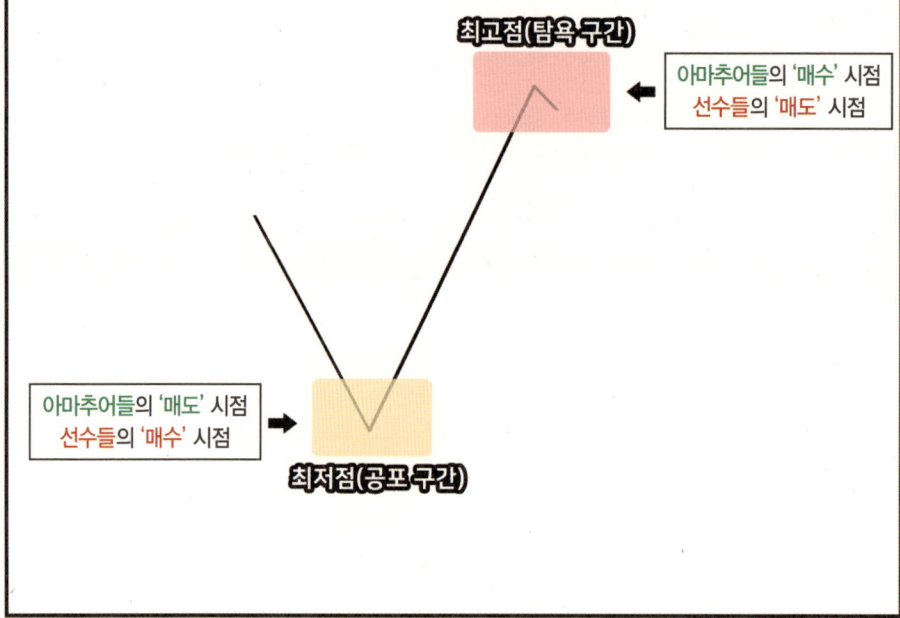

최고점(탐욕 구간)

아마추어들의 '매수' 시점
선수들의 '매도' 시점

아마추어들의 '매도' 시점
선수들의 '매수' 시점

최저점(공포 구간)

아하~ 심리적인 면이
굉장히 중요하네요.

주식투자는 고도의 심리 게임이다.

변동성을 앞에 두고
매매하다 보니까
많은 변수를 생각하게 된다.

흥분하면 보이는 게 없다.
본능이다.

단기 투자자는 뇌동 매매 이외에도
중요한 순간에 전화나 택배 방문, 컴퓨터 에러 등으로
잠시 한눈을 팔다가 눈여겨본 종목의 급등을 놓치면
순간적으로 당황하거나 화가 나서 '거꾸로 매매'를 하는 경우가 많다.
나는 과거 출근하기 전에 아내와 말다툼을 하고 나면
매매에 집중이 잘 안 돼 '거꾸로 매매'를 자주 하곤 했다.
수양이 부족했던 탓이다.

상승 추세 중에는 주가 떨어지는 것이 눈에 안 들어온다.
흥분하면 조급해져
순간, 가는 종목만 보인다.

더 많이 갈 종목, 순식간에 수익 많이 낼 종목,
한 방… 한 방….
그러나 인생에 한 방은 없다.

순간적으로 수익을
많이 낼 종목을 찾는 것은
상승할 만한 종목의 주가 조정을
기다리는 여유가 없기 때문이다.

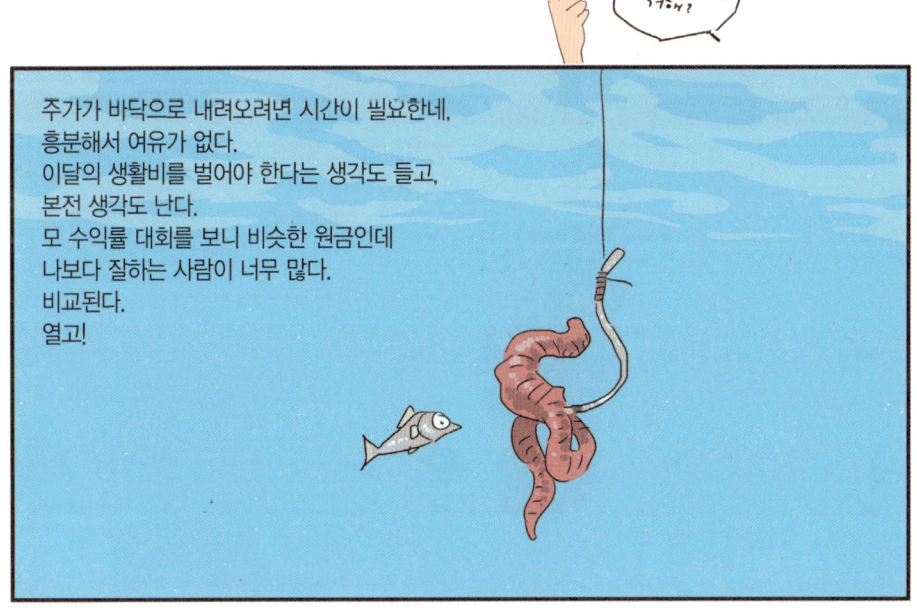

주가가 바닥으로 내려오려면 시간이 필요한데,
흥분해서 여유가 없다.
이달의 생활비를 벌어야 한다는 생각도 들고,
본전 생각도 난다.
모 수익률 대회를 보니 비슷한 원금인데
나보다 잘하는 사람이 너무 많다.
비교된다.
열고!

단기 투자자라면 특히 흥분하거나 화를 내서는 안 된다.
오기를 부려서도 안 되고,
더더욱 죄 없는 컴퓨터 화면을 나무라도 안 된다.
그래 봐야 결과는 뻔하다.

손실이 계속되면 그때는 설상가상 손실이 복구가 안 됩니다.
단기 투자자는 자리를 박차고 일어나
그 자리를 뜨는 것이 제일 현명한 행동입니다.
'오늘만 날이 아니지'라고 스스로 위로하면서 말입니다.
손실은 이러저러한 이유로 시도 때도 없이 찾아옵니다.
피할 수 없으니 적게 손실 봤을 때
도망가는 것이 최고겠죠!

시장이 갈 때는 실수를 해도 금방 만회할 수 있다.

고수들은 자기 본능과 역행한다.

옛날에 주식시장에 학생, 주부, 군인…
이런 계층이 나타나면 고점이라고 했다.

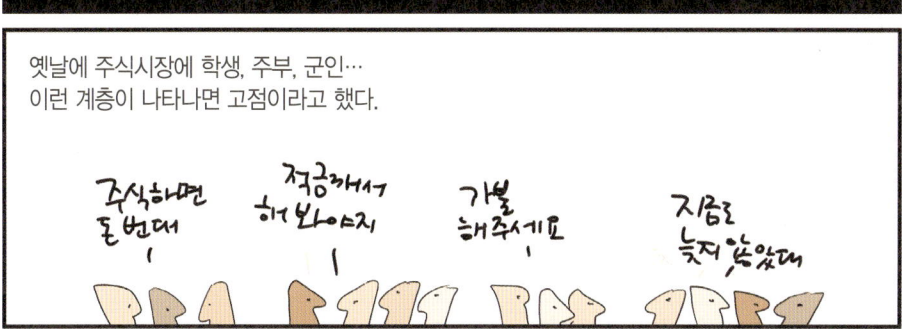

안심되니까,
나도 돈 벌 것 같으니까
쌈짓돈까지 꺼내서 덤벼든다.
그러나 물 새는 바가지다.

사람들은 국내외에
큰 사건이 벌어져 주가가 폭락하면
우리나라 경제가 다 망가지는 것이 아니냐고
우려하기도 하지만
단기간에 그렇게 될 리는 없다.

이럴 때 정부는
경기 부양책을 내놓는다.
그러면 경기가 살아나면서
주가는 올라간다.

지수가 본격적으로
반등하기 이전에는
명심해야 할 것이 하나 있다.

'주가의 하락은 크고
반등은 조금이다.'

쿵

단기 투자자 입장에서는
어제도 주가가 많이 떨어져 싸 보였는데
오늘도 주가가 많이 떨어지니
매수의 유혹을 강하게 느낍니다.
바닥에서 제대로 매매를 해도
수익이 적은 구간에서 버틸 준비가 안 된 투자자는
'거꾸로 매매'로 큰 손실을 입을 수 있습니다.
증시가 빠질 때는
악재의 해소로 바닥이 확인되기 전까지
적극적인 매매는 자제해야 합니다.

사람마다 눈에 보이는 만큼의 매매가 있습니다.
현재 시장의 하락 이유와 당일 종목들의 움직임을
이해할 수 있다면 하락장이라도 매매가 가능한 반면,
시장의 분위기에 휩쓸려 갈팡질팡하고 있다면
효율적인 매매가 불가능하겠죠.
시장을 분석하고 확인하고 수정하는 과정을
매일 꾸준히 한다면 언젠가는 누구라도
매매의 질이 좋아질 것이라고 생각합니다.

매일매일 분석을
많이 해야겠네요.
ㅎㅎ

지금 하시는 일에 만족하십니까?

저는 후회는
잘 안 하는 편입니다.

잘 살고
있는 것이죠.

가끔 불편한 부분은 있습니다.

건강이요?

아뇨,
그것 말고요. ㅎㅎ

요즘 기사에 간간이 유사 투자자문
피해 사례가 나오곤 합니다.
주로 과대·과장 광고 수익률과
실제 수익률이 일치하지 않기 때문인데요.
이로 인해 50~60대의
소중한 노후생활 자금이
소진되고 있다고 합니다.

기존의 개인투자자가
종목 추천에 목매는 이유를 생각해봤는데요.

  1. 코리아 디스카운트
  2. 미국 주식시장의 10% 정도만 상승한 국내 증시에 미국 서적 내용을 그대로 적용
  3. 매매 기술의 부족(정신적인 면)

등으로 투자에 실패한 후 자포자기해
방송 전문가나 과대·과장 광고를 그대로 믿고
원금 회복에 나서고 있는 것이 아닌가 생각해봅니다.

지금까지 문제가 되었던 부분들을 나열하면
과대·과장 광고(공정거래위원회 소관),
환불 문제, 선행 매매(증권거래법 위반),
값싼 장외 주식을 고가에 매입하게 하는 문제 등
여러 가지 문제가 있었습니다.

아, 작전….

하락 장을 이기는 대가들의 명언

주가가 뚝뚝 떨어지면 투자자는 힘들어한다. 이럴 때 기본을 다시 한번 다지는 의미로 전설적인 투자의 대가 7인의 명언을 들어보자.

시장이 탐욕적일 때 공포에 떨고,
시장이 공포에 떨 때 탐욕을 가져라.

– 워런 버핏 –

주가 하락은
공포에 사로잡혀
폭풍우 치는 주식시장을 빠져나가려는
부화뇌동자들이 내던진 좋은 주식을
싸게 살 수 있는 기회다.

– 피터 린치 –

최적의 매수 타이밍은
시장에 피가 낭자할 때다.
설령 그것이 당신의 피일지라도.

– 존 템플턴 –

버블 없이 폭락 없고, 폭락 없이 버블 없다.

– 앙드레 코스톨라니 –

정치적 위기와 금융 위기는
투자자들의 주식 매도를 부채질한다.
위기에 매도하는 것은 분명히 잘못된 대응이다.

– 데이비드 드레먼 –

위기 때 돈이 약한 자에게서
강한 자에게로 흐르는 것은 시장의 자명한 이치다.
따라서 단련된 투자자는 안달복달하지 않고
느긋하게 주식을 보유하는 성품을 길러야 한다.

– 찰리 멍거 –

군중을 따라가지 마라.

– 필립 피셔 –

투자 대가들의 말을 종합해보면 위기를 기회로 바꾸라는 의미가 담겨 있다.

'비관론자는 모든 기회에서 어려움을 찾아내고
낙관론자는 모든 어려움에서 기회를 찾아낸다.'

환율 급등이 불러온 공포와 대응 방안은?

환율은 한 나라의 돈과 다른 나라 돈의 교환 비율을 말한다. 우리나라 기업이 미국에서 물건을 사려면 원화를 달러로 교환하듯이, 우리나라와 외국 간의 경제적 거래를 위해 돈을 서로 교환할 때는 환율에 따라야 한다.

화폐 가격은 외환 시장에서 상품에 가격이 매겨지는 것처럼 외국 돈에 대한 수요와 공급에 의해 오르락내리락하는데, 원/달러 환율의 경우 보통 경기 침체가 우려되거나 대외 불확실성이 커질 때 변동하는 경향이 있다. 상대적으로 안전 자산인 달러화에 자금이 유입되기 때문이다.

실제로 우리나라는 1997년 국제통화기금(IMF) 외환 위기와 2008년 글로벌 금융 위기 당시 원/달러 환율이 단기간에 큰 폭으로 급등해 큰 어려움을 겪은 경험이 있다.

그래서 환율이 급등하면 투자자들은 불안해하는 경우가 많은데, 환율과 증시와의 관계를 살펴보면 일반적으로 환율 상승은 주가 하락, 환율 하락은 주가 상승을 불러온 경우가 대부분이다.

이에 대한 이해를 돕기 위해 환율이 1달러에 1,000원일 경우, 1주에 5,000원인 주식을 10주 매수한 외국인 투자자가 있다고 가정해보겠다.

주식 가격이 올라 수익을 실현해 달러로 환전을 하려고 하는데, 만약 이때 환율이 1달러에 1,200원으로 상승하면 전보다 200원을 더 지불해야 달러로 환전할 수 있어 '환차손'이 발생한다.

그러면 외국인 투자자들은 환율이 조금이라도 더 오르기 전에 앞다퉈 주식을 매도하려고 할 것이고, 이에 따라 국내 증시에 외국인 자금 이탈 현상이 일어나게 된다. 따라서 환율이 급등하면 증시도 불안해진다.

다만 환율의 상승이나 하락이 경제 주체들에게 미치는 영향은 양면성이 있기 때문에 환율 변동은 그 방향보다는 속도가 중요하다.

전통적인 원/달러 상승 수혜주로는 '수출주'가 꼽히는데, 환율이 오르면 원화로 환산한 수출 단가가 올라 영업 환경이 개선될 수 있기 때문이다.

수출 비중이 높은 업종에는 디스플레이, 휴대전화 등 IT주와 자동차, 의류 OEM(Original Equipment Manufacturing, 위탁 생산) 기업 등이 있는데, 실제로 2008년 이후 원/달러 환율이 급등하면서 수출주들의 주가가 상승했다.

투자자가 환율 추이를 체크하는 것은 기본 중 기본이다. 대외 불확실성이 커지고 환율이 급등한다면 주식 비중을 줄이고, 수출주에 일부 분산하는 것이 현명한 방법일 수 있다.

주식시장이 잘 안 가면
불안한 투자자들은
여기저기 눈길을 돌립니다.

신문, 방송,
전문가들의 조언….

휴대전화에서
주식 사이트만 켜봐도
주식 종목을 추천하는 사람이
수십 명입니다.

이런 유사 투자자문업체가
작년에만도
2,000개 이상 있었어요.

유사 투자자문업체에 발을 들여 자문료를 내고 종목을 추천받아도
수익을 낸 사람은 조금이고 손실을 많이 본 사람들이 많다.

여윳돈으로 주식투자를 했으면
큰 상처를 입지 않지만
문제는 은퇴 자금으로 투자를 한다는 것이다.

특히 요즘은 은퇴를 일찍 하는데
경기 침체로 취직하기도 어려워졌다.

은퇴 자금과 부동산 등을 합한 순자산으로
남은 생을 산다고 계산할 때
현재와 같은 수준으로 지출하기는 어려워보인다.
미래가 당연히 불안해진다.

방법은 은퇴 자금을 이용해서 재테크를 하는 것이다.
사업과 부동산과 주식 중 골라야 한다.

이런 사정인데 주식으로 돈을 벌기는커녕
까먹고 있으니 미칠 노릇이다.

최고 전문가라 홍보하는 유사 투자자문업체를 끼고 있어도
수익이 안 나는 이유가 있다.

비싼 자문료를 지불했다는 심리 때문에
추천받은 좋은 종목을
한번 사면 팔지를 않는다.
손해가 나고 있는데도 놓지 못하고
끌어안고 있는 것이다.

테마주 같은 걸 추천받았는데,
테마주도 시간이 지나면서
거품이 빠지면 손실이 커진다.

결과는 처참하다.
개개인이 사고팔 능력이 없기 때문에 발생하는 일이다.

투자자들은 좋은 주식 고르듯이
유사 투자자문업체를
잘 골라 이용해야 합니다.
언론에 무책임한 업체에 대한 기사가
종종 노출되는 것을 보면
주의할 필요가 있습니다.

살 때도, 팔 때도
책임지고 관리해줄
업체를 찾아야 합니다.

쉬운 일이
없구만….

지금까지
얼마나 수익을
냈는지는
묻지 않을게요.

그럼 뭘 물으시려고요?

99년 말에
주식을 시작하셨는데
100만 원 가지고
지금까지 버텨온
과정에 대해 얘기해주세요.

그때는 완전
하락 장이었어요.

하락 장 속에서도
추종 매수세가
살아 있는 기술주들은
당일 변동 폭이 심했어요.

저는 그때 추종 매수세가
살아 있는 종목
몇 개를 선정해서
회전 매매를 했습니다.
'떨어지면 사고, 오르면 팔고'를
계속한 거죠.

그랬더니
2000년 5월에
원금 대비 960% 정도
수익이 나더라고요.

**헉! 100만 원이
960만 원으로!**

1월, 2월, 3월, 4월은
마음이 편할 때 사고
마음이 불편할 때 팔았더니
수익이 나지 않았다.

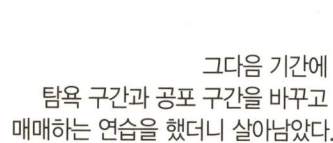

그다음 기간에
탐욕 구간과 공포 구간을 바꾸고
매매하는 연습을 했더니 살아남았다.

초반에는 금액이 적었으니까
회전율을 엄청 늘렸겠네요.

그 방법 말고는 없었죠.
나중에 알고 보니
'스캘핑'•이라
불리는 매매 기법을
제가 사용하고 있었던 겁니다.

● 스캘핑(scalping)
분·초 단위로 수십 번, 수백 번 이상 거래를 하는 초단타 매매 기법. 거래량이 많고 가격 변화가 빠른 주식시장에서 주로 쓰인다.

그 거래 패턴을 어느 정도 금액이 될 때까지 계속하셨어요?

원금이 수억 원일 경우까지는 그게 가능합니다.

그런데 그 이상은 단기 매매로는 맞지 않는 것 같아요.

주가가 상승하면 이후에 하락이 꼭 옵니다. 하락 구간에 왔을 때 한번 실수했다고 흥분하면 손실이 확 커집니다.

매우 큰 금액은 필요 없다.
사신이 운용할 수 있는 최내치 금액을 정해놓고
그 안에서만 운용하면 된다.

시장이 좋으면 최대치 금액,
시장이 안 좋으면 좀 줄인다.

원금을 줄인다는 것은
욕심을 줄인다는 거죠.
욕심을 줄이면
시장 흐름에 순응하게 되고
분노할 일이 별로 없어요.

억 단위가 넘어가면서
투자 패턴이 바뀐 거네요.

'워런 버핏처럼
장기 투자가 왜 안될까'
하고 공부를 많이 했죠.

결국 세계 경제와
우리나라 경제가 같이 가는데
우리나라 경제는
약간의 디스카운트가
있다는 것을 알았어요.
그래서 잘 가지 않는 겁니다.

장기적으로 국내 주식시장이 상승하려면
기본적으로 국제 경기가 상승하거나
북한과의 대립 관계가 협력 관계로
대폭 달라지는 상황적 변화,
규제 혁신과 같은 경제 활성화를 위한
정부의 노력이 뒷받침돼야 한다고
생각합니다.

책에서 봤던 것과는
다른 측면으로 얘기를
많이 해주셨어요.

대한민국 주식시장이
아직까지는 상승 추세가 아니잖아요.
2,000포인트 부근에서 박스권 변동성인데
책은 이러한 얘기를 하지 않고
상승 추세를 얘기하죠.
그래서 실전에서는
책이 별 도움이 되지 않습니다.

독자들에게
만화를 본 소감이
어떠냐고 물어봤어요.

그랬더니
이런 질문을 했어요.

초보들의 질문 내용

1. 주식시장 침체 장에서 하지 말아야 할 것들이 무엇인가요?

2. 구체적인 진입 시점과 구간을 알려주세요.

3. 하락 추세에서 인버스● 등 파생 상품을 해도 되나요?

4. 정량화되고 정확한 패턴, 기법 등이 있나요?

5. 주식시장에서의 고점 신호와 저점 신호를 어떻게 파악할 수 있나요?

6. 잘못된 지식으로 학습된 매매 틀 때문에 효율성이 떨어집니다.

7. 자금 관리에 대한 이해가 부족합니다.

8. 매매 기법만 알면 시행착오 없이 수익을 낼 수 있나요?

● **인버스(inverse)**
지수가 하락할 때 수익이 발생하는 상품

초보자들은 일단
돈 많이 번 사람이
조언하는 걸
좋아하더라고요.

그래서 고심하다가
증거가 될 만한 것을
일부 가지고 왔습니다.

실전투자대회 수상 경력

2004년 키움증권 실전투자대회 키움상 수익금 1위 259%
2007년 키움증권 실전투자대회 1억 리그 1위 수익률 408%
2009년 키움증권 실전투자대회 1억 리그 1위 수익률 318%
2010년 키움증권 실전투자대회 1억 리그 2위 수익률 191%
2011년 미래에셋증권 실전투자대회 1억 리그 3위
2011년 키움증권 실전투자대회 1억 리그 1위 수익률 504%
2011년 미래에셋증권 TIGER ETF 실전투자대회 5000리그(총 6회 실시)
      1회 차 수익률 1위
      2회 차 수익률 1위
      4회 차 수익률 1위
2013년 미래에셋증권 TIGER ETF 실전투자대회 2000리그(총 4회 실시)
      2회 차 수익률 2위
      3회 차 수익금 1위
      4회 차 수익금 1위
2014년 미래에셋증권 실전투자대회 1억 리그 3위 수익률 62%
2014년 키움증권 실전투자대회 1억 리그 1위 수익률 139%
2015년 키움증권 실전투자대회 1억 리그 3위 수익률 189%
2016년 키움증권 실전투자대회 1억 리그 1위 수익률 126%
2017년 키움증권 실전투자대회 1억 리그 1위 수익률 599%
2019년 키움증권 실전투자대회 1억 리그 1위 수익률 210%

총 18회 수상

잘하시는 줄 알지만….

우와!

599%도
있어요..!!

과거에는 통정매매, 허수 주문 등
증권거래법을 위반하면서
수상을 하는 경우가 있었는데요.
요즘은 시장감시위원회에서
불건전 주문 여부 심사 후
시상을 해서

조금이라도 투자에
의심이 가면
수상 못 합니다.

이런 걸 감추고 있었네요.
처음부터 탁 내어놨으면
독자들이 더 좋아했을 텐데….

초보 투자자들의 질문 중에
침체 장에 대한 질문이 있었는데요,
초보 투자자는 시장을 보는 눈과
대응하는 능력이 아직
부족하기 때문에
요즘 같이 대내외적으로
악재의 확장과 소강상태가
반복될 때는
쉬어가거나 소극적으로 대응하는
것이 좋습니다.

섣불리 매수하지 않고
관망하다가
반전이 나오면 들어가야죠.

전(前) 저점이 2,000포인트니깐(2019년 기준)
그걸 확인하고 들어가야 한다.

2,150과 2,100포인트에서 매수하고
손해 볼 필요 없다.

개인들이 4월 중순
2,250포인트 부근에서 들어오기 시작해
6월 초까지 물린 것이 코스피와 코스닥에서
4조 원이나 된다.

어마어마하다.

기술적 반등, 고점 부근에서의 긍정적인 기사는
개인들의 매수 심리를 부추길 수 있다.
때마침 미·중 무역 분쟁, 경기후퇴와 같은 악재도
소강상태에 진입했다.

그런데 다시 격화되었고
주가가 빠졌다.

개인은 그동안 올라갈 때 못 샀으니까
눌림목 구간에서 매수하죠.
그런데 계속 빠져요.
이젠 물타기까지 합니다.

● 물타기(scale trading)
매입한 주식 단가보다 낮은 가격으로 추가로 주식을 사들여 평균 매입 단가를 낮추려는 행위. 매입한 주식의 가격이 하락해 손실이 커질 경우, 평균 매입 단가를 낮춰 손실 폭을 가능한 한 낮추려는 방법이다. 그러나 주가가 더욱 큰 폭으로 하락하면 손실이 더 커질 위험이 있다.

우리나라에서 주식투자를 잘하려면 효율적인 매매 기법을 한 가지 이상은 가지고 있어야 합니다.

허나, 매매 기법이 있더라도 원칙을 정해서 제대로 실행해야 수익을 낼 수 있다.

매도, 매수, 손절매 등 원칙이 확실히 정해져 있는 경우는 무조건 즉시 행동해야 한다.
주저하거나 머뭇거려서는 안 된다.

그리고 매매 기법에 충실하도록
높은 정신력을 항상 유지하고,
탐욕, 공포, 상실감 등
평정심을 무너뜨릴 만한 상황에 대한
대비책을 가지고 있어야 합니다.

????

초보가 가장 실수하는 부분은
분봉 차트, 캔들, 이동평균선, 패턴 등의 매매 방법으로
시장의 상황이나 종목의 흐름을 알아내지 못한 채
본인의 매매 기법이 전부라고 착각하는 것이다.

이것이 아니라고 빨리 깨닫는 투자자일수록
적은 수업료로 매매 기법을 깨달을 수 있다.

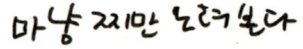

왜 잘못된 매매 기법에서
빠져나오지 못할까요?

이겁니다.

· 그동안 어렵게 배운 지식이 아까워서

· 가끔은 수익이 나기 때문에 앞으로도 혹시나 하는 마음에

· 주변에 크게 성공한 사람이 없어서
  (효율적이지 못한 방법이 고착화되어 있는 경우)

· 당신과 나는 상황이 다르기 때문에
  (나는 나의 방법으로 하겠다고 고집을 부리는 경우)

이유가 비슷비슷하다.

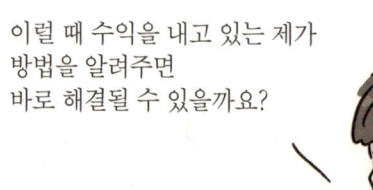

이럴 때 수익을 내고 있는 제가
방법을 알려주면
바로 해결될 수 있을까요?

그러나
대답은 항상
이렇다니까요.

좋은 말씀은 알겠는데요,
진짜를 알려주세요.
교양 말고 전공이요.

진짜 매매 기법을 알려줬는데
요술 방망이를 내놓으라고 한다.

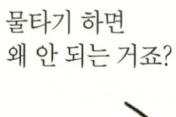

물타기 하면
왜 안 되는 거죠?

물타기 하면
일단 매수가가
내려가잖아요.

우리나라 시장이 현재나 미래에
추세 상승 중이라면
물타기를 해도
어차피 오를 확률이 높기 때문에
큰 문제가 되지 않겠지만
지금까지의 결과로는
물타기의 긍정적인 부분을
얘기하기 어렵습니다.

물타기를 하면
무조건
마이너스예요.

주가가 10% 빠졌다고 하자.
밑에서 두 배를 사서 5%가 올라오면
0이 된다. 다행이다.

10% 빠져서 두 배를 샀는데
거기에서 또 10%가 빠졌다.
거기서 또 10% 빠지면 계좌 아웃이다.

원금을 거의 다 소진한다.

물타기는 잘해야 본전이다.

물타기는 그 이상
안 내려갈 것을
예상하고 하잖아요.

예상을 했지만
제대로 예상 못 한다.
개인들이 물타기 할 때는
급락 장이나 급락 종목에서
하는 경우가 많기 때문이다.

주가가 단기간에
많이 빠지면
시장주도주나 인기주들의
주가가 급락해
'야~ 이렇게 싸냐' 하면서
매수한다.
그런데 또 빠진다.
'어라.'
순간 당황하지만
주가가 하방경직을 보인다.
물타기다.
추가 매수.
그러나 주가는 야속하게 또 빠진다.

이런 종목을 보면
'사자' 쪽에 물량이 어마어마하게 쌓여 있고
'팔자' 쪽에는 물량이 적은 경우가 많다.
더 이상 급락이 없고 반등한다고
결론 내고 계속 산다.

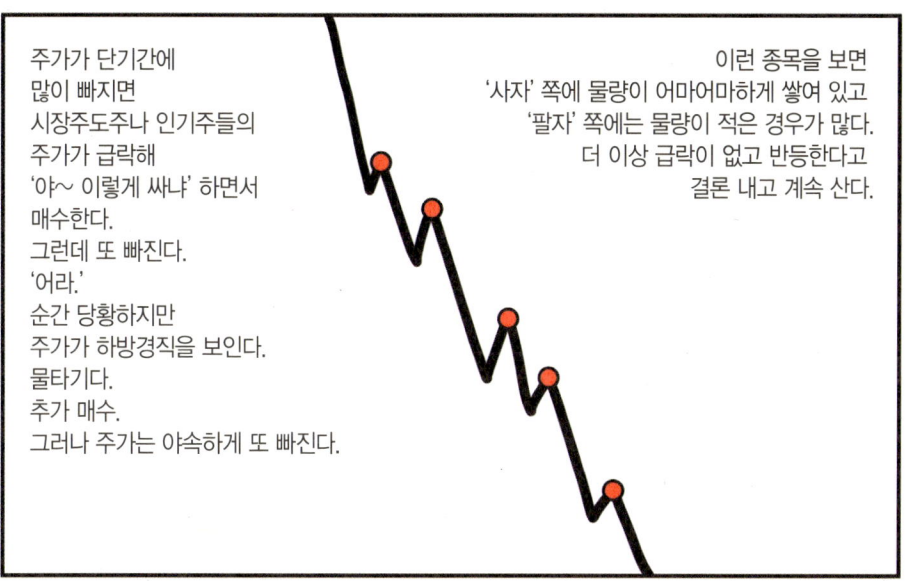

● 하방경직성
주가가 어느 선까지 하락을 하면 경험으로 학습된 투자자들의 매수세가 강해져 크게 반등하는 상황

물타기 하는 투자자는
싸다고 사는 것이 아니고
진짜 바닥이 나온 것 같으니까
산다.

그러나 그런 구간은 급락 구간이다.

떨어지는 구간에
반짝 반등을 보고
그것이 바닥이라고
착각하는 것이다.

요즘에도
이렇게 물타기 한 사람들이
많았을 겁니다.

박스권 때 매매의 핵심은
악재가 생겨서 빠질 때
박스권 하단까지 갈 것인지
조금 하락하다가 반등할 것인지를
예상하는 것이 중요합니다.

그런 걸 어떻게 아냐고….

악재가 커서 박스권 바닥까지 갈 것 같다고 보면
시장주도주나 인기주의 가격이
10%, 20% 빠지더라도 매수하면 안 된다.

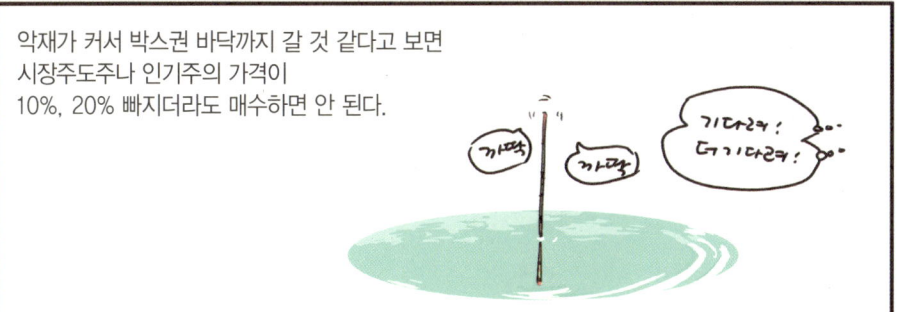

주가가 바닥권까지 가면 외국인과 기관들이
매도를 많이 했다는 증거다.

그들은 종목을 가리지 않고 판다.
시장의 불확실성이 커지면 좋은 종목도 판다.

그러니까 다 같이 빠진다.

좋은 종목이 많이 빠졌다고 매수하고
시간이 지나면 다시 박스권 하단에 떨어진 것을
확인하게 된다.

"사고 싶어도 꾸욱 참으세요"라고 말하지만
미·중 무역 분쟁의 소강상태 진입이나
미국 금리 인하에 대한 기대감으로
지수가 순간 반등을 하면
저도 사실은
일부 분할 매수를 시작합니다.

이번 경우도
2,000포인트까지
기다리세요.

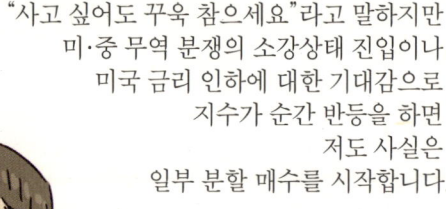

그렇게 바닥권인지
어떻게 아냐고요.

어떻게
아느냐면….

시장에 영향을 미치는 국내외 정치 경제 기사를 매일매일 찾아보면서
분석·예측한다.

 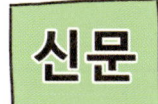 

그런 다음 예측이 맞았나 틀렸나 확인한다.

맞으면 잘된 거고,
틀리면 왜 틀렸나 수정해야 한다.

이런 작업을 365일 계속한다.

매일… 분석, 예측, 확인, 수정.

잠좀자자!

오늘 골프 못간다네까!
주식투자 안하는
≡ 사람이랑 같이가!

시장에 영향을 미치는
각각의 재료는
기간이 짧은 것도 있고
매우 긴 것도 있습니다.

그렇기 때문에
재료가 발생한 시점부터 종료될 때까지
시장과 관련 주식의 주가를
끝까지 살펴보는 것이 중요합니다.
어떤 것은 시작하자마자 끝나고,
계속 갈 듯한데 끝나기도 하고,
안 갈 것 같은데 계속 가는
경우도 있습니다.
재료가 시장과 주식에 정직하게 반영돼
눈에 쉽게 보이게 가는 경우도 있습니다.

이렇게 매일 훈련을 해야지
사냥감을 놓치지 않는다.

사냥감이 코앞인데
활을 만들고 있으면 밥을 굶는다.

매매 중간에 다른 분야에 들어가봤었는데요,
저는 사기당하기 딱 좋은 스타일이더라고요.
한마디로 '호갱'이라고 합니다.
그러나 주식은 승률이 높은 쪽으로 노력을 많이 하면
'호갱'은 벗어나는 것 같습니다.
요즘 시장이 침체 장인데
코스피 지수가 2,000포인트까지 떨어지나 안 떨어지나
또는 그 이상까지도 떨어지나를 살펴보고 있습니다.

그 틈에 끼인 한국은 처신이 힘들다.

시장에 장애 요인이 많아지면
기업의 의욕이 떨어지고 이익도 감소된다.
그러면 주식시장도 가라앉는다.
좋은 것은 하나도 없다.

이것도 멀다.

더 가까이 와야
성공 가능성이 높아진다.

시장의 하방 압력이 강하니까
2,200, 2,100포인트일 때도 안 담는다.
2,000까지 기다려본다.

나눠서 사야죠.
2,100일 때도 사고
2,000일 때도 사야죠.

지금은 악재가 계속 진행 중이라
분할 매수를 해도 위험관리 차원에서
조금만 담고 계속 분석하며
기다려야 하는 구간으로 봅니다.

전 저점 2,000이 최근에 있었는데
이전의 악재가 해소될 것 같아서
2,250까지 올라갔었다.

이제는 악재가 다시 확장되니까
다시 아래로 내려가고 있는 중입니다.

박스권 바닥에서 모든 종목이 반등하는 것이 아니니까
성장 산업 우량주를 찾아놔야 한다.

성장 산업 우량주는 제일 먼저 오르고 많이 오를 확률이 높다.
그러니까 성장 가능 우량주가 꿈틀거릴 때 매수한다.

이것이 독자들에게 권하는
매매 방법 중 하나입니다.

두 번째 방법은
스캘핑(초단타매매)입니다.

남들 앞에서 주식으로 돈 번 얘기를 하면
곧이듣지를 않아요.

정말?

에이 뭐····

그래서 작년 말에 두 개 계좌를 빼서
2년치를 공개한 적이 있습니다.

계좌가
몇 개나 되죠?

단기 계좌, 중장기 계좌,
그리고 파생 계좌를 따로 분리하여
여러 개를 가지고 있습니다.

중장기 계좌는 단기 계좌보다
수익이 많지 않았어요.
하락 장이었으니까요.

단기 투자는 항상 하던 기술이 있으니까 수익이 컸다.
2017년 15억, 2018년 15억.

100만원으로
이 바닥에서
컸으니까

일반인들은 주식투자자들이
대충 살면서 돈 버는 것으로
오해합니다.

저는 그 반대죠.
공부 피나게 합니다.

제 투자 방법을 100% 얘기해줘도
다 따라오지 못합니다.

많은 시간을 들여서
엄청난 노력을 해야 하는데
그걸 견디지 못하는 것이다.

필자가 강연을 할 때
꼭 하는 말이 있다.

필자의 만화 《꼴》은
관상 만화다.

맨 처음 관상 선생님을 뵈러 갔을 때

사람 얼굴이 보이려면
얼마나 공부해야 합니까?

3년은 해야지.

3년!
만화 한 편 그리는 데
소비하는 시간치고
너무 길다.

그래서 머뭇거리고 있을 때
관상 선생님의 결정적인 한마디.

관상 공부를
하든 안 하든
3년은 지나간다!

그렇다.
우물쭈물하고 있을 때도
시계의 초침은
잔인하게 돌고 있는 것이다.

좋습니다!
공부하겠습니다!

그로부터 매주 금요일 저녁 7시부터 10시까지
3년 반을 관상 공부하고 《꼴》 만화를 그릴 수 있었다.

그때 공부하지 않았으면
《꼴》 만화는 나올 수 없었다.

주식을 공부하지 않고 3년을 보내면
어떤 생활을 하게 될까?

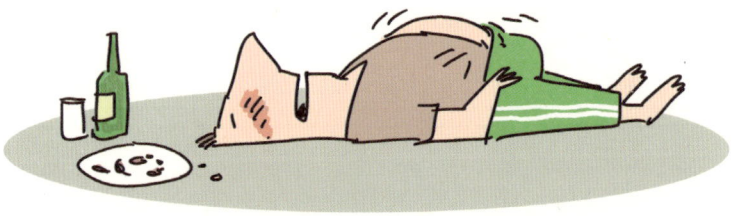

주식투자가 적성에 맞는다면
코피 터지게 공부해야 할 것이다.

만화가의 입장에서 보면
주식시장에서 살아남는 방법이
만화 시장에서 살아남는 방법보다
더 쉬워 보인다.

만화가는 국내 단일 시장에서
다른 만화가들을 이겨낸
상위 5%만이 살아남을 수 있다.

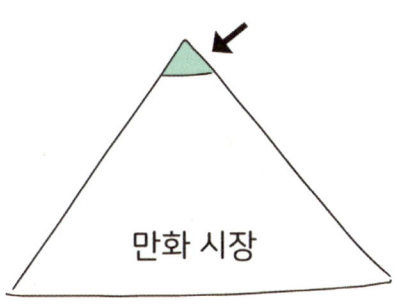

만화 시장

주식시장에서는
드러내놓고 다른 투자자들과 경쟁하지 않고
투자자 각자의 투자 금액과 성과 목표에 따라 투자해
자립할 수 있다.

스캘핑 얘기하다가
옆으로 빠졌습니다.

200억

70억

50억

100억

100억

마하세븐 한봉호의 스캘핑 기법 강좌

● 스캘핑이란
주가의 변동성을 이용해
아주 짧은 시간 안에 매매를 마무리하는 것으로,
하루에 많게는 수십 번까지 매매를 할 수 있다.
장이 끝날 때 주식을 보유하지 않고
당일 정리하는 것을 원칙으로 한다.

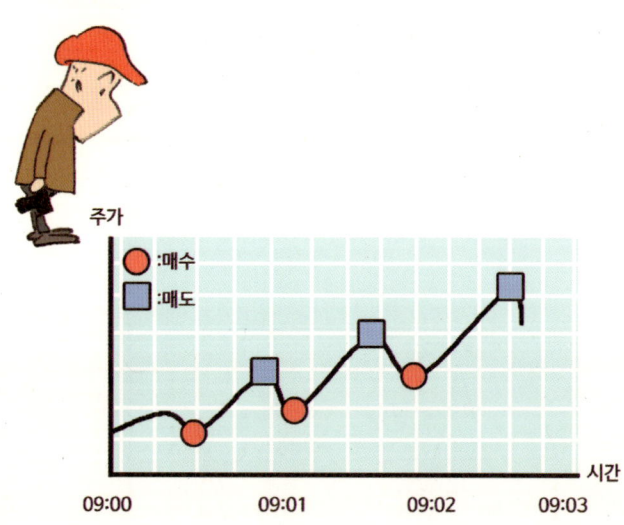

● 스캘핑을 하는 이유
상승 장 외에 주식시장이 조정 장, 침체 장일 때도
꾸준히 이익을 얻기 위함.

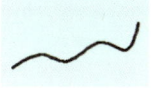
상승 장

상승 후 조정 장

침체 장

● 어떤 성향의 사람이 어울리나
성격이 급해서 주식을 매수하면
바로 매도 충동을 느끼는 사람

주식을 매수한 후 마음이 편안하고
매도 충동을 느끼지 않는다면
스캘핑 방법과 어울리지 않는다.

● 필요 장비

19인치 모니터 한 대.
스캘핑은 고도의 집중력이 필요하므로
초기에는 여러 대의 모니터가 필요 없다.

● 물타기 방식

처음부터 적은 금액의 100%를 전부 사용한다.
그러면 돈이 없으니 물타기를 방지할 수 있고
다음 순서는 매도밖에 없으니 손절매를 잘할 수 있다.
대부분 물타기를 하고 손절매를 잘하지 못해서
실패를 경험한다.

스캘핑에 적합한 투자자는
1~2년 하면 감을 잡고 수익을 얻는다.

● 필요 원금

매매의 회전율을 높여 수익을 쌓아가는 방법이므로
초기에는 무조건 적은 금액(100만 원 이하)으로 시작한다.
규모의 경제를 생각하여 주식투자 원금도 처음부터
대규모로 시작하면 세금, 외국인, 기관, 개인 고수들에게
골고루 나눠주는 자선사업가가 될 확률이 매우 높다.

● 자부심

주변에서 스캘핑을 건전한 투자가 아니라고
무시하기도 한다.
그러나 타고난 성향이나 경제 여건에 따라서
투자의 다양성을 인정해야 한다.
스캘핑으로 수익을 낸다고 부끄러워하지 마라.
야구에 홈런 타자만 있는 것이 아니듯이.

● 매수

매수 이후 주가 상승의 1파 상승으로 매매를 마무리
한다. 주가 상승추세 구간의 눌림목, 박스권의 바닥,
상승추세가 살아 있는 하락 구간의 V자 반등 구간.

● 매도

매 초마다 매도세와 매수세의 대결을 지켜보다가
더 이상 상승 기미가 없으면 매도 시행.
매도를 잘못하는 투자자는
수익에 대한 욕심이 과한 경우일 것이다.

● 손절매

주식은 위험 자산이다. 위험한 곳에 투자하면서
손해를 안 본다는 것은 이치에 맞지 않는다.
위험을 피하는 기본 중의 기본은
손절매를 잘하는 것이다.

● 물타기

많은 투자자들이 손절매를 하지 못하거나
타이밍을 놓쳐 주가가 하락하면
물타기의 유혹에 빠진다.
물타기의 효율성을 따져보면
'잘해야 본전, 못하면 쪽박'이다.

● 스캘핑을 할 수 있는 종목 선정

- 추종 매수세가 물리는 종목
- 거래량이 증가하는 종목
- 주가의 변동성이 커지는 종목
- 주가의 상승추세가 일정 부분 확연히 나타나는 종목

시장인기주가 스캘핑에 적합하다.
시장인기주는 업종대표주와 같은 우량주가 될 수도 있고
기대감 있는 테마주의 선도주가 될 수도 있다.
개별 종목도 가능하다.

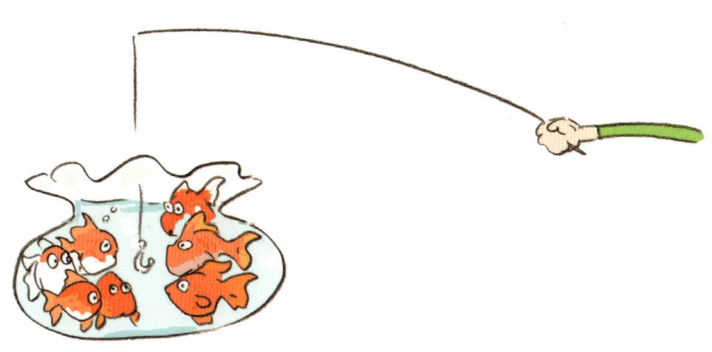

좋은 재료는 추종 매수세가 강하게 몰려야 한다.
시장은 이성적이기도 하고 비이성적이기도 하다.
변동성을 이용한 스캘핑 매매 기법은
비이성적일 때 많은 수익을 올릴 수 있다.

● 스캘핑 존(scalping zone)

스캘핑 존이란 스캘핑이 가능한 종목의 주가 상승추세 구간을 의미한다. 이런 구간의 캔들* 모양은 장대 양봉, 역망치형, 장대 음봉 등이 주로 나타난다.

● 주식 캔들(candle, 봉)
주식의 가격을 봉 형태로 나타낸 것

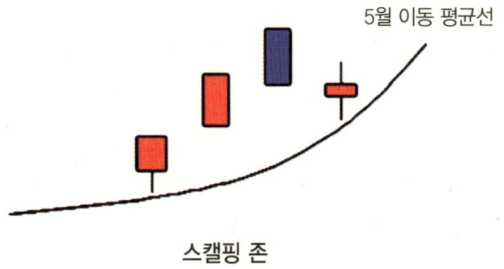

5월 이동 평균선

스캘핑 존

● 스캘핑 연습 방법

시장인기주의 스캘핑 존에서 정해진 매매 원칙을 준수하며 매매를 한다. 종목이 교체되더라도 주가·호가 창의 움직임이 비슷하므로 매매의 숙련도를 높일 수 있다. 가끔 시장의 침체기가 길어지면 시장 인기주도 시들하여 매매의 연속성이 떨어질 수도 있다. 이럴 때 스캘핑의 매매 기법과 맞지 않는 종목*을 매매해서는 안 된다.

● 충분히 분석되지 않고 주가·호가 창의 움직임이 눈에 익지 않은, 당일 움직임이 활발한 종목 등

● 연습 기간

스캘핑에 적합한 투자자의 경우, 보통 1~2년 정도를 정해진 틀에서 올바르게 연습하면 된다. 정해진 틀이란 스캘핑의 매매 기법이 잘 통하는 시장인기주의 스캘핑 존에서만 매매하는 것을 말한다. 비유하자면 고스톱 선수는 고스톱 판에서 게임을 해야지, 포커 판에서 게임을 하려고 하면 게임 자체가 안 된다. 주식매매 기법도 규칙을 지키면서 연습해야 한다. 스캘핑에 무언가 조금 부족한 투자자라면 시간이 더 걸릴 수 있으나, 높은 정신력으로 단점을 극복한다면 시간을 어느 정도는 단축할 수도 있다.

● 매매는 10호가 창에서

호가 창에서는 매도 잔량, 매수 잔량, 체결 물량의 변동을 실시간으로 보여준다. 스캘핑은 현재 상황에서 미래 1초 뒤의 주가를 예측하는 것이므로 호가 창의 변동을 분석하여 매매를 한다. 분봉 차트를 보면서 매매를 하는 것은 과거의 상황을 보고 주가를 예상하여 매매하는 것이기 때문에 한 타임 늦어 기회가 사라지고 실패할 확률이 높다. 이런 매매는 스캘핑이라 볼 수 없다.

● **시간대별 전략**

변동성이 한가할 때는 자리를 떠나는 연습을 해야 한다.

● **머피의 법칙이 발동될 때의 극복 방법**

컴퓨터와의 대화보다는 자리를 박차고 일어나라.

● **매매 기법은 항상 시간 날 때마다 스스로 세뇌할 것**

사람은 기계가 아니라서 매매의 오류가 많이 생긴다. 장전, 장후에도 높은 정신력으로 매매 원칙을 항상 되새긴다.

● **될 듯한데 돈이 부족할 때**

당장 나가서 직장을 구하라. 정상적인 노동 대가의 소중함을 느끼면서 정신력을 높여야 한다. 정신력이 부족한 경우가 대부분이고, 아니면 시장이 침체 장일 수 있다.

● 작게 성공했을 때 원금 관리로 살아남는 방법

시장이 과열되어 원칙을 철저히 지키지 못했더라도 기대 이상의 수익이 날 수 있다. 그러나 이때 시장이 하락 장으로 변하면 계좌가 다시 가난해진다. 이러한 경우가 많으므로 기대 이상으로 수익이 커지면 욕심을 버리고 계좌를 다시 초기화해야 한다. 계좌를 초기화하지 않은 상태에서 계좌가 가난해지면 상실감 때문에 매매의 원칙을 더 지키지 못하게 된다.

● 스캘핑 매매 기법의 응용

기간을 일봉으로 늘리면 된다. 재료의 확장·축소의 과정을 이해하면 된다. 스캘퍼가 당일 시장, 종목, 현재가 창을 분석했다면 장기 투자자는 시장, 종목, 수급 정도를 수치로 확인하면 된다.

좋은 결과
얻으세요

허영만의
주식타짜
단타의 고수

2

단일 계좌 10억 달성
단타 귀재

설산(가명)

주식과 건강을 바꾸다

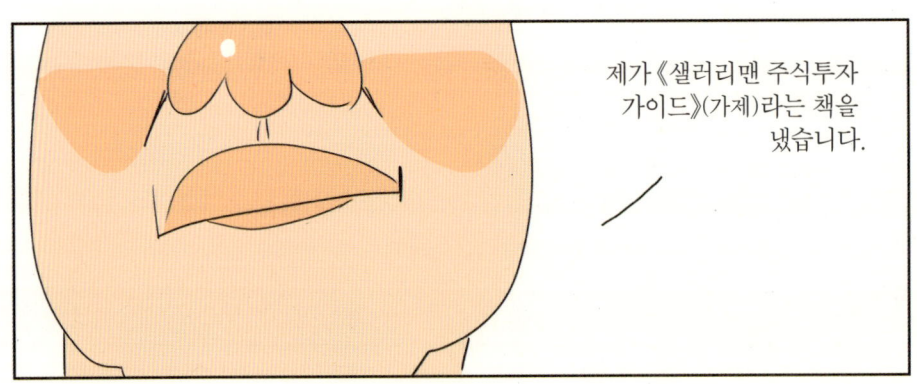

제가 《샐러리맨 주식투자 가이드》(가제)라는 책을 냈습니다.

책을 출간하고
크게 느낀 것이 있는데
"돈 걸린 일에는
함부로 나서지 말라"였습니다.

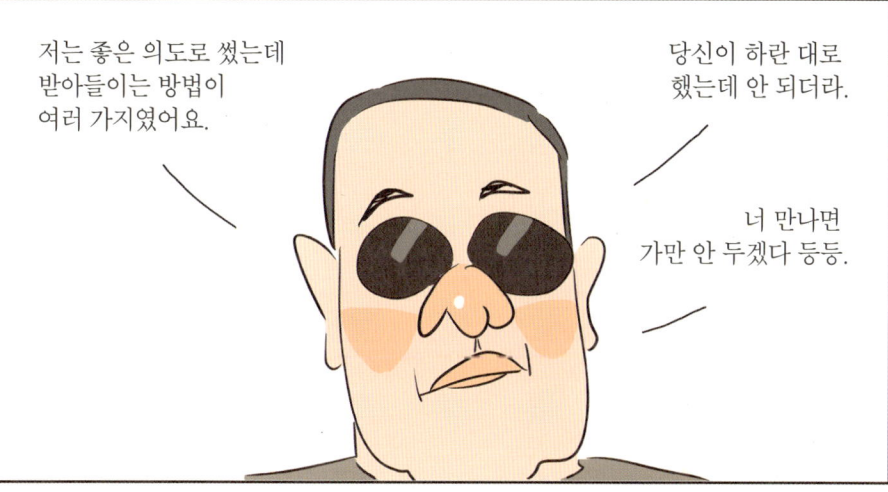

저는 좋은 의도로 썼는데
받아들이는 방법이
여러 가지였어요.

당신이 하란 대로
했는데 안 되더라.

너 만나면
가만 안 두겠다 등등.

그래서 제가 알려지는 것을
원치 않습니다.

알았어요.
안 알려지게 쓸게요.

ㅎㅎ.

ㅎㅎ.

주식은 언제부터 시작했죠?

2015년입니다.

얼마 안 됐네요.

기간은 짧지만
저는 초단타 매매를 하니까
가치 투자하는 분들보다
매매 횟수는 몇 배 많을 겁니다.

지금 직장
생활하시잖아요?

그런데 어떻게
단타 전문 주식투자와
회사 생활을 병행할 수 있죠?

그래서 그 글을 쓴 것입니다.
직장을 다니지 말라는 것이
아니라 투자와 연결되어 있는
직장을 다니라는 것입니다.

기자 생활을 할 때 정보에 눈을 떴고
뉴스를 다 봐야 했고
홍보 팀으로 옮겼을 때는
좋은 뉴스를 스크랩하고
안 좋은 뉴스는 말고….
이런 회사 일이 주식투자와 맞닿아 있었던 겁니다.

시장은 아침 9시부터
10시까지가 중요한데
그 시간을 완벽하게
확보하는 거죠.

시간 여유가 있으니까
제 회사도 만들고
이 회사, 저 회사 투자도 합니다.

바쁘게 사시네.

운용 금액은 어느 정도죠?

왔다 갔다
합니다.

처음에는 500만 원에서
1억 넘기가 되게 힘들었어요.

그러다가 1억 넘고
4억이 되니까
단타는 못 하겠다 싶었어요.

그런데 해보니까
10억까지 갈 때도 되더라고요.

그 이상은
정말 무리일 거라 봤는데
그렇지 않았습니다.

1억이나 2억, 3억 가지고
단타를 할 때는
예수금이 부족할 때가
더러 있었는데
10억이 넘고 나서는
예수금이 부족한 적이
없었습니다.

30억이 넘고서는
버거워서 많이 줄였고,
지금은 장이
매우 불안정하니까
1억까지 줄일 겁니다.

나는 들어가고
빠지는 것에 대한
확신이 없으니까 머뭇거리다가
타이밍을 놓쳐버립니다.

그래서
저는 체계화를 했습니다.

매일 아침 오늘 벌어질 일들을 정리해서
오늘의 예언 같은 것을 만든다.
금요일에 쏟아지는 이슈를 참고해서
금요일 3시 반부터 다음 주 월요일 새벽 5시까지
일주일 일정을 정리하고
월요일 3시 반부터 화요일 새벽 5시까지
나와 있는 이슈를 다 정리한다.
일정, 차트상 관심주, 국제나 대북의 국방 세션, 정부 정책,
개인 관심주인 바이오, ASF, 수소,
맨 마지막에 정치, 기타….
오늘 반영이 안 되더라도 내 머릿속에
이슈가 들어 있는 것이 중요하다.

어제 금요일에는 문재인 대통령의
교육정책에 대한 발표가 있었다.

우리나라는 자식 문제랑 결부되면
경기가 일어난다.

자녀 교육 때문에 부동산 가격이 들썩거리니까
부동산과 교육과 관계있는 주식을 살펴본다.

또 바이오 주식에서
작년 3월에 임상 2상, 3상이 실패했다고 발표했는데
10월에는 성공이라고 발표했다.

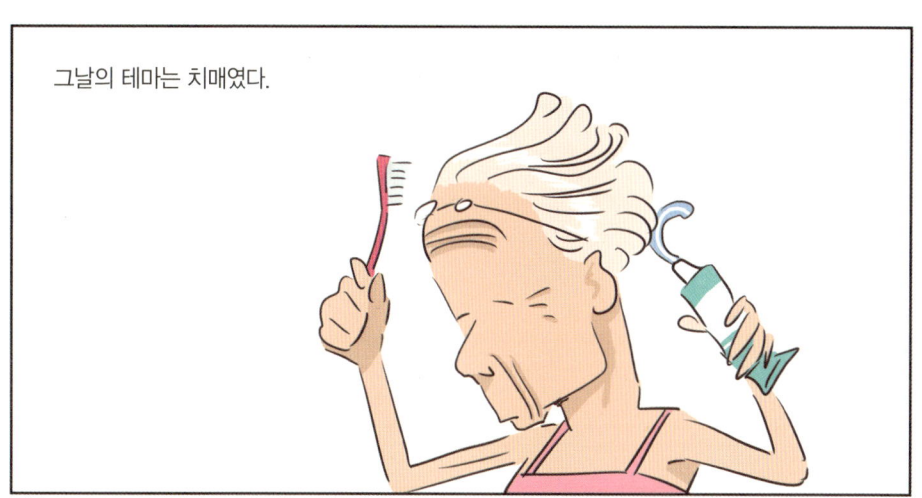

그날의 테마는 치매였다.

바이오 공부를 많이 하고 있었는데,
치매의 기준에 문제가 있는
베타 아밀로이드를 기준으로
신약 개발을 하고 있었다.

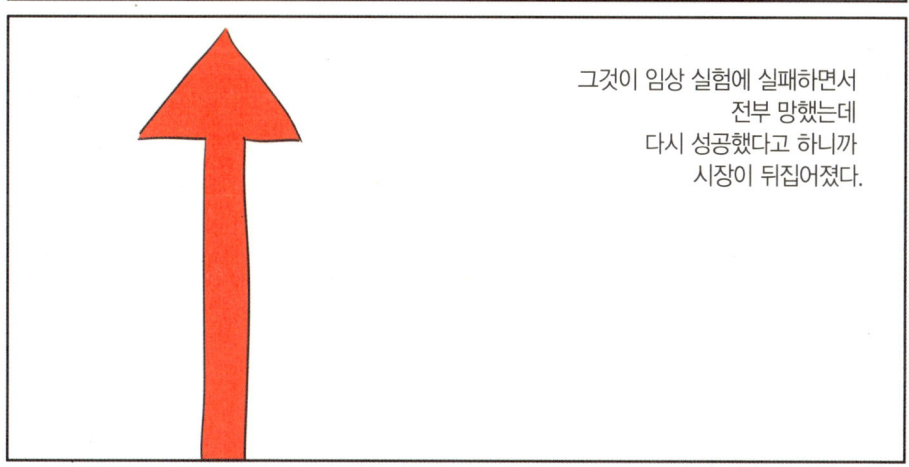

그것이 임상 실험에 실패하면서
전부 망했는데
다시 성공했다고 하니까
시장이 뒤집어졌다.

그래서 제가 제일 중요하다고
생각하는 것이 이것입니다.

트렌드에 속해 있는 것을 거래해야 한다!

모두의 입에 오르내려야
주가가 움직이고,
많이 살 수 있고,
손절도 빨리할 수 있다.

이런 것을 매일 정리하는 것이다.
하루도 빼지 않고.

엄청나게
공부하는 겁니다.

《샐러리맨 주식 투자 가이드》는
대놓고 단타 하는 내용이라서
가치 투자자들은
저를 되게 싫어합니다.

하지만 대한민국에서는
가치 투자가 어렵습니다.

미국 시장은
2008년 리먼 사태 때도 올라갔어요.
한 번도 떨어지지 않았어요.

한국은 어떻습니까.
올라가다 떨어지고
올라가다 떨어지고
계속 박스권에 머물러 있어요.

한국에서 가치 투자 할 수 있는 곳은
제약과 식음료밖에 없습니다.

가난해도 약은 사야 하고
밥은 먹어야 하니까요.

바이오, IT, 게임, 수소차, 전기차
이런 것은 단기 투자 세력들이
들락날락하니까 조심해야 한다.
들어갔다 팔지 못하면 물린다.

!!!

아르르

그런 얘기는
투자자 대다수가
하더라고요.

"미국 시장과
우리 시장은 다르다."

회사에 다니고
벌어놓은 돈도 있으면서
계속 주식을 하는 건 왜죠?

저도 그것 때문에
고민을 많이 합니다.

일하지 않고
편히 살면 될 텐데
왜 이걸 하고 있을까.

일단 제가
워커홀릭 기질이 있습니다.
가만히 있지 못합니다.

그리고 주식은 어떤 게임보다
재미있는 게임이라서
그만할 수가 없어요.

주식에 호가 창을 보면
파란색, 빨간색이 화려하게
움직입니다.

예상이 맞아떨어지면
엄청난 희열을
느낍니다.

지금 미국과 중국,
미국과 유럽,
유럽과 영국의 브렉시트,
일본과 한국의 관계 등으로
매우 불안한 국제 정세 때문에
주식시장도 힘을 못 쓰고 있는데
어떻게 생각해요?

우리나라는
비기축통화 국가입니다.

우리 원화는 위안화, 유로화,
엔화, 달러와 같이
글로벌하게 쓸 수 없습니다.
한국에서만 쓸 수 있습니다.

우리나라는 무역을 중요시해야 하는데
현재 아주 불리한 상황이 계속되고 있다.

중국의 시진핑은 경기 부양도 해야 하는데
트럼프가 무역 전쟁의 합의를 안 해주고 있다.

트럼프의 머릿속에는
딱 한 가지 생각밖에 없다.

2020년
재선!

그러니까 트럼프가
쥐고 있는 국제 정세를
자신의 재선에 맞추어
풀었다 감았다를
반복하고 있다.

2020년 1, 2분기에
미·중 무역 전쟁이 끝나면
중국 경제가 살아날 것이고
우리도 아마 사상 유례없는 호황을
누릴 겁니다.
(2019년 기준)

올해부터 3년 동안은
엄청나게 성장할 거예요.

3년간!

지금 미국에서는
트럼프 탄핵 문제가
계속 대두되고 있는데
괜찮을까요?

트럼프는
우리가 생각하는 것
그 이상의 인간입니다.
위기를 넘기고
분명 재선에
성공할 겁니다.

일반 투자가들에게
어느 정도 경기가
살아나서 시장이 좋아질 때까지
보수적 투자를 권합니다.

2020년부터 3년 동안
최고의 호황기가 옵니다!

또 3년 후부터는 트럼프 대통령의
힘이 빠지면서 역사상 유례없는 금융 쇼크가
올 거라고 봅니다.

그러면 한국처럼
밑에 있는 나라부터 터지는 거죠.

그럼 어떻게 해야 하죠?

주식 가격이 떨어질 때
돈을 버는 인버스 ETF로 가야죠.

지금은
몸 사리고 있다가
2020년 상반기에….

가치 투자는
수익률을 높게 잡고
오래 집어넣고
기다리는 것인데,

단타를 할 때는
얼마 정도부터
빼고 넣고 합니까?

그 날의 트렌드에 속한 종목 중 대장주를 노립니다.

그런데 시총이 너무 높은 종목은 대장주에서 제외하고, 시총이 낮고 빵빵 터질 수 있는 종목을 매매하죠.

수익률은 따로 정해놓은 것은 없습니다.

그래요?

차트 창은
항상 두 개가 뜹니다.

한 창에는 일봉,
다른 창에는 분봉.

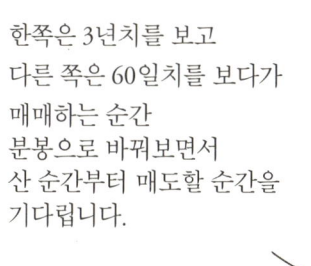

한쪽은 3년치를 보고
다른 쪽은 60일치를 보다가
매매하는 순간
분봉으로 바꿔보면서
산 순간부터 매도할 순간을
기다립니다.

세력이 들어가 있는
경우도 있을 텐데요?

저는 세력을
믿지 않습니다.

투자자들이 만들어낸
상상 속의 괴물인 거죠.

개인, 외국인, 기관
전부가 세력이죠.

매수 세력이 크면
주가가 올라가고
매도 세력이 크면
떨어집니다.

둘 다 세력이 같으면
보합이 되죠.

누구든지 매수한 순간
잠재적 매도 세력이 된다.

매수하기로 결정했으면
사려고 했던 물량의 50~30%를 한 번에 잡고,
나머지 물량이 보이면 나머지의 70~50%를
나누어 산다.

여전히 매수 세력이
되어주는 겁니다.

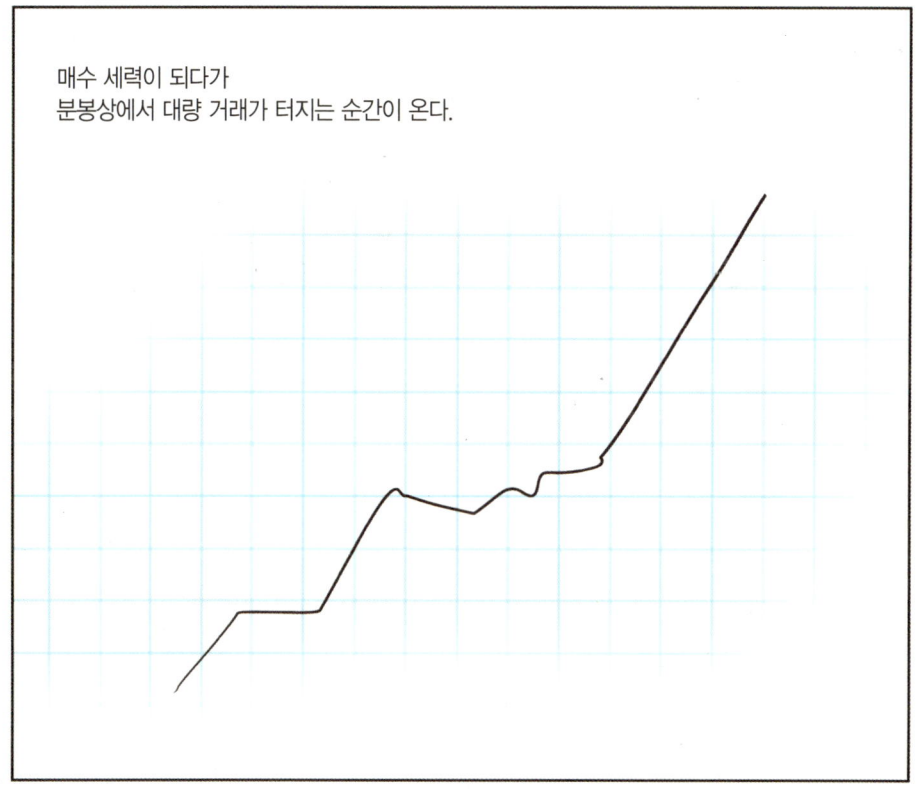

매수 세력이 되다가
분봉상에서 대량 거래가 터지는 순간이 온다.

그때 가진 물량을
조금씩 나눠 판다.

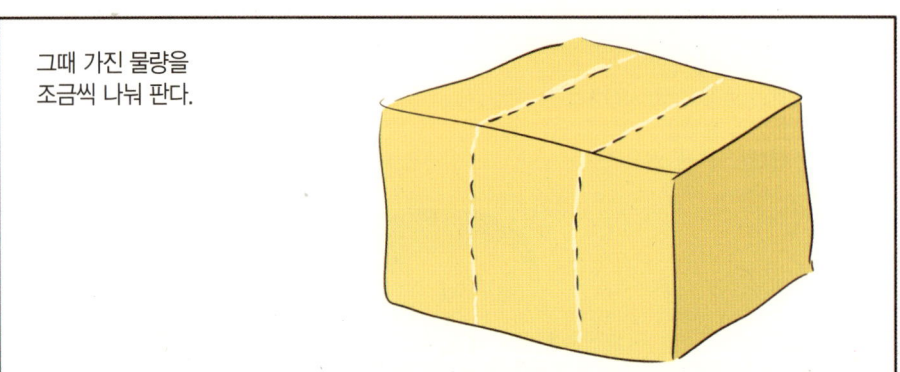

분봉에서 첫 음봉이 나오면
3분의 1을 턴다.

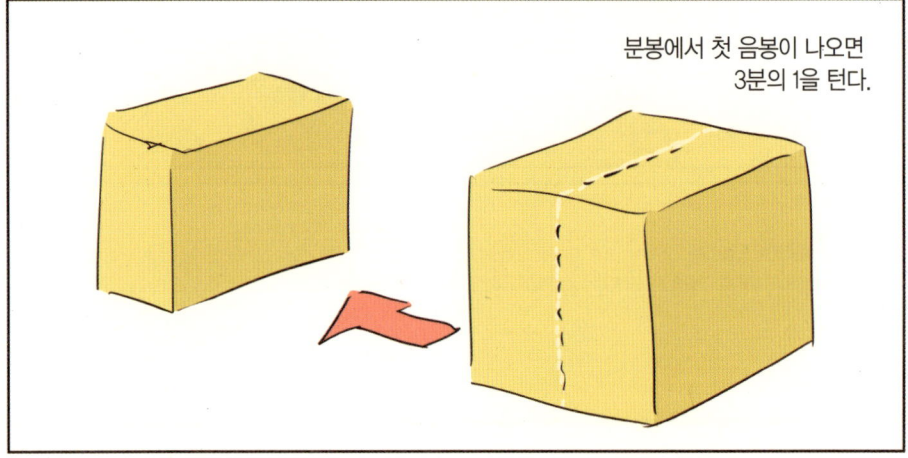

연속적으로 두 번째 음봉이 나오면
또 3분의 1을 턴다.

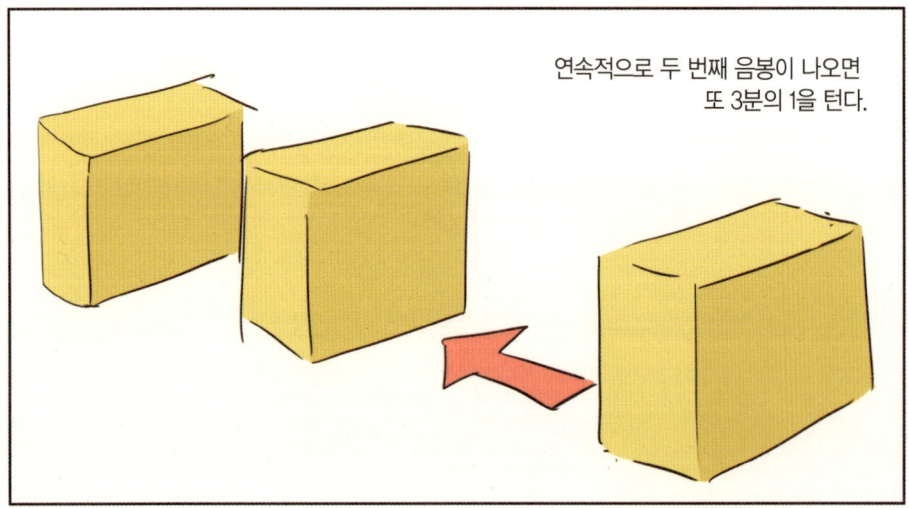

나머지 3분의 1은 히든으로 놔둔다.

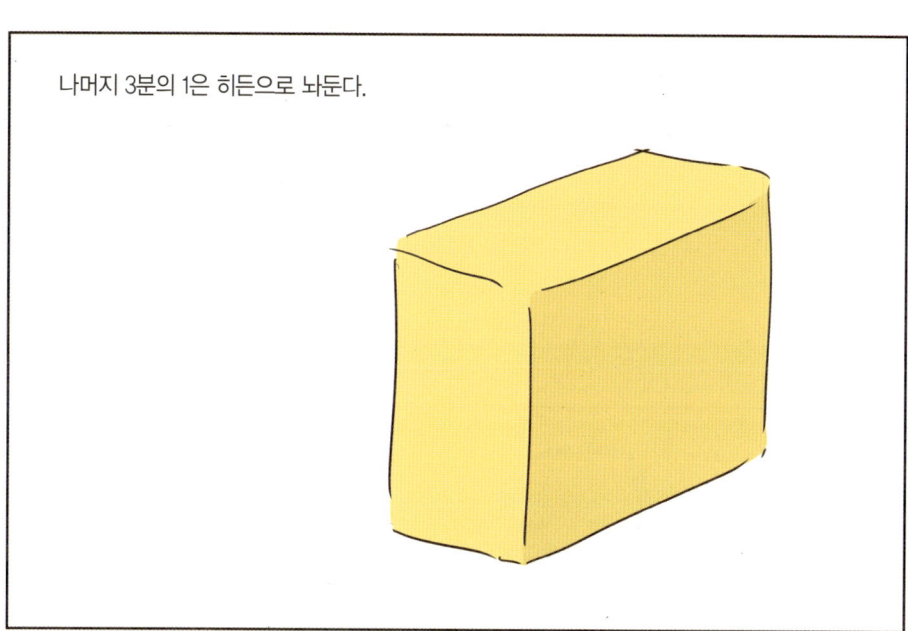

그 히든은 수익금인 거죠.

하한가 가도 본전인지라
여유 있게 가지고 있을 수 있는데
또 음봉이 나면 털어버립니다.

'매수는 기술, 매도는 예술'이라지만
매수는 운의 영역이라고 봅니다.

제가 1억을 가진
열 사람을 앞에 두고
실시간 매매를
같이 한다고 했을 때

각각 상황이 다르다는 겁니다.

이 사람들 모두
매수하는 금액이 다르고
평단가도 다르다.

매수 방법을 기술적으로 가르칠 수가 없다.

부모가 운전하는 걸 옆에서 보고서
운전을 하는 사람도 있고

신입 사원인데 선배가 시킨 일을
한 번도 해보지도 않았지만
해내는 사람이 있다.

반면 아무리 가르쳐도 못 하는 사람이
있다.

일 보태기 일은?

그걸 왜
보태지?

태생적으로
이미 나뉘어
있다고 봐요.

매수 방법을 배울 때
하는 말이 있다.

처음에는
적은 돈으로 시작하니까
아까워하지 마라.

이거 다 날려도
인생 달라지는 것 아니다.

내가 아는 것이 먹히는지 시험해봐라.

저는 잃는 시험을 통해
제 매매 방법을
찾을 수 있었습니다.

500만 원으로
시작해서
2015년에 수익률
3160%를 냈다.

그러나 수익률보다
회전율을 봐야 한다.

회전율이 29만 9000%였다.

거래량 회전율 =
누적 주식 거래량/
총상장주식 수 ×
100

난 손절매가 어렵던데요.

저는 손절 컷을
목숨만큼 중요하게
여깁니다.

오늘 매매한 종목 중에
사자마자 2분 만에
손절한 종목이 있다.

2분 만에 −5%가 되어서
기계적으로 시장가로 던져버린 것이다.

많은 고민을 하다가 샀는데
이 정도면 똥 냄새가 풀풀 나는 걸로 보는 것이다.
썩었든지 곰팡이가 슨 종목인 것이다.

그 종목은 −10% 손절매였는데
하한가까지 갔었다.
손절 안 하고 들고 있었으면
−37%였었다.

주변에 주식투자 방법을
가르쳐달라는
사람들이 있죠?

있죠, 많이 있죠.

저는 그 사람들에게 이렇게 얘기해줍니다.

· 매일 상한가 난 종목 체크하기
· 매일 1000만 주 이상 거래 종목 체크하기

저는 주식 입문 5년 차인데
하루도 빠지지 않고 이 일을 했어요.
왜 상한가를 갔는지,
왜 1000만 주가 거래되었는지.
왜? 왜? 왜?

주식해서 돈 벌겠다는 사람들이 많은데
놀아가면서 다른 사람들을 이길 수 없다.
엄청나게 공부해야 한다.

저는 하루에
14시간씩
주식 공부했습니다.

하루는 24시간인데 어떻게
14시간을 공부했겠어요?

설산은 회사에
제일 먼저 출근하고
제일 나중에 퇴근한다.

밤 11시 전에
미팅이 끝나면
술을 마셨어도
회사로 다시 돌아왔다.

새벽 2시, 3시까지 다음 날 생길 일을
다 정리해놓고 집에 돌아갔다.

집에서는 졸려 쓰러질 때까지
주식 공부를 했다.

덕분에 단타 투자자 중에서
짧은 기간 대비 가장 많은 돈을 벌었다.

대신에 설산은 건강을 잃었다.

억! 왼쪽 눈이 안 보인다!

사무실이
너무 밝은가?

ㄷㄹㄹㄹ

그래도 버튼이 안 보여!

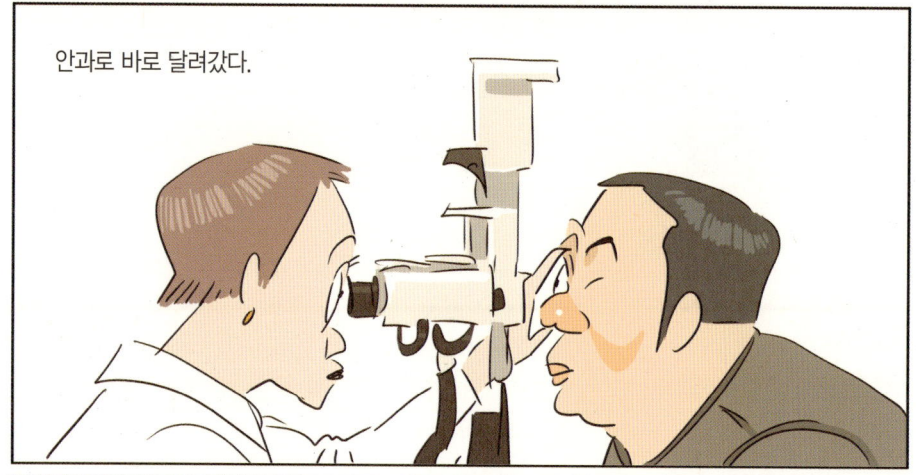

안과로 바로 달려갔다.

잠을 안 잡니까?

자는데요.

난 지금까지 잠을 적게 자도 괜찮은
숏 슬리퍼(short sleeper)인 줄 알았는데
그날 숏 슬리퍼가 아니란 걸 처음 알았다.

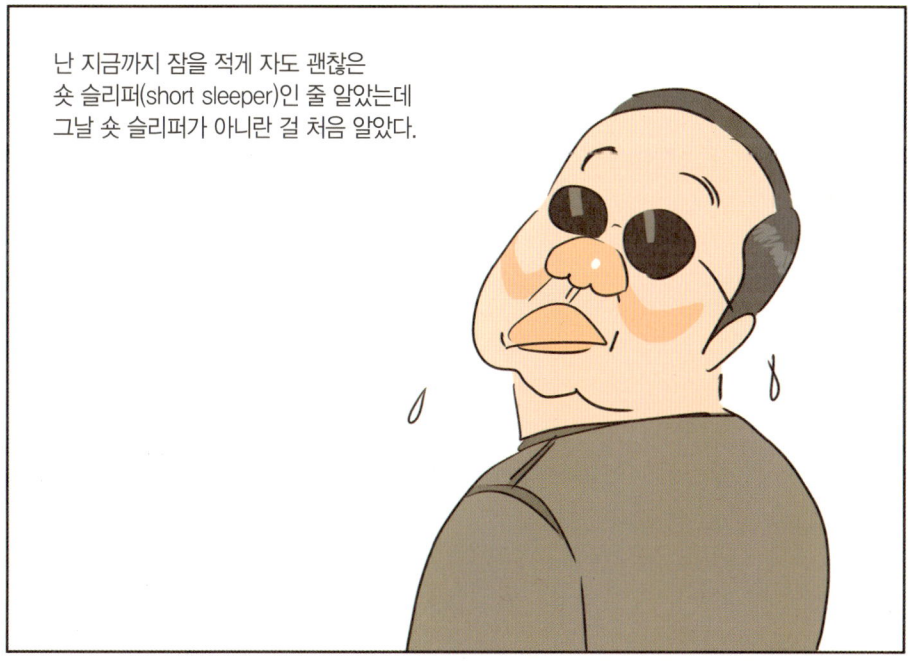

오늘부터
휴대전화 보지 말고,
티비 보지 말고,
책 보지 말고,
경치도 보지 말고,
무조건 자야 합니다.

2주면
괜찮아집니다.

돈 많으면 뭐합니까
건강 챙겨야죠.

그날부터 지금까지 1년 반 동안
수면 시간 7시간을 지키고 있다.

2018년 4월 한 달에 단일 계좌로 10억 넘어간
대한민국의 유일한 투자자 설산은
그 뒤 속도 조절을 하고 있다.

지금은
눈 괜찮아요?

괜찮은데 스트레스를
크게 받으면
또 그런 현상이 생깁니다.
그때는 또 쉬어주면
회복이 되죠.

나는 돈하고 건강하고 바꿨습니다.
여러분도 그럴 각오가 돼 있습니까?

나는 더 망가질 것도
없는 사람이야!
각오돼 있어!

요즘도
매매는 하죠?

그럼요. 아침에
1시간에서 2시간 반
정도 매매하고
그 이상은 안 합니다.

최대한 매매를 줄이고
욕심을 줄였습니다.

세입자랑 소송이라도 붙어봐.
지금 주식하는 것보다 편할까?

그 날 이후 빌딩의 꿈은 접었다.

욕심을 줄이니까
가족과 지내는 시간이 늘어나서
요즘은 매우 행복합니다.

요즘은 관심 주가
세 가지 있습니다.

가을 하늘이 좋다가도
11월이 지나면
미세먼지가 극성이죠.
그래서
미세먼지 관련주.

여름에는
맨날 더우니까
에어컨 주.

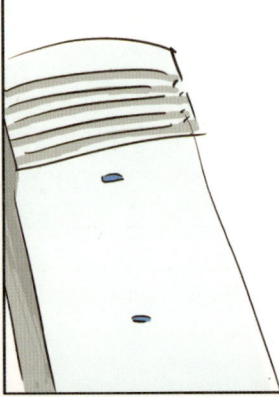

지금은 대북 주가
안 좋지만
현 정부는 절대 북한도
포기 못 합니다.
대북 관련주.

영화 〈올드보이〉에서
유지태와 최민식의 대화다.

왜 나를
15년 동안 가뒀어?

질문이 틀렸다.
그러니까
틀린 답이 나온다.

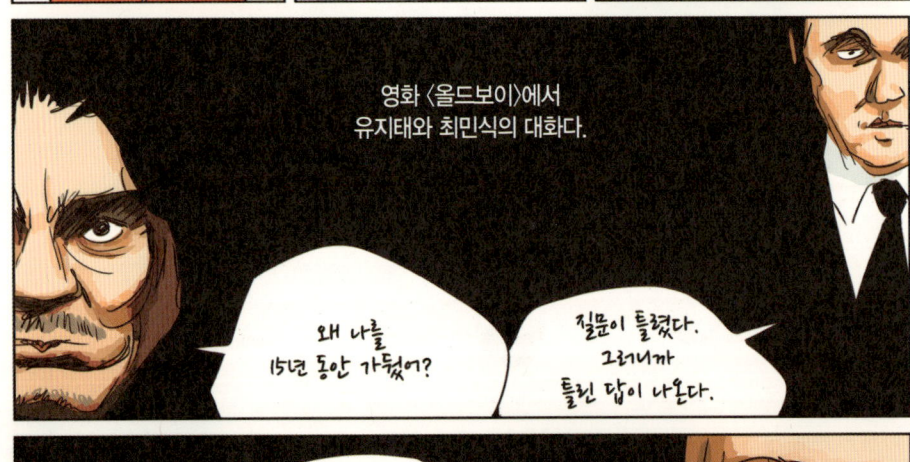

왜 15년동안 가뒀느냐가
중요한 것이 아니라
왜 15년이 지난 지금
풀어주느냐가 중요하다.

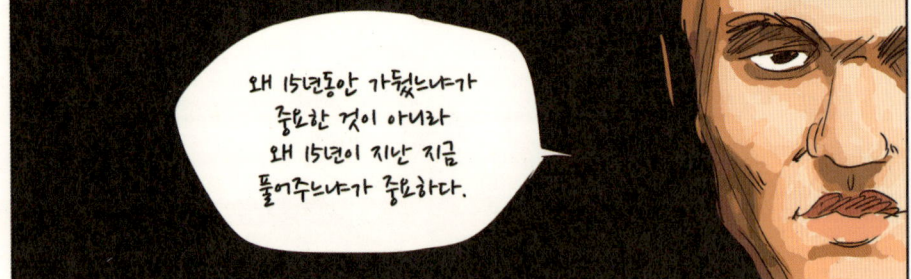

주식도 마찬가지입니다.

주식으로 어떻게
돈을 버는 것인지가 아니라
당신이 지금까지 주식을 왜 실패했는지를
아는 것이 중요합니다.

주식은 심리 게임의 결정체다.

심리가 아니라 공식이라고 생각하지만 그렇지 않다.

둘째 애널리스트.
숫자로 반드시 이해시켜야 하니까.

셋째 과학자.
완벽하게 이해시켜야 하니까.

넷째 타입도 있어요. 만화가.
세상 물정 너무 모르니까.

호호. 그렇군요.

여러분이 지금 생각해야 할 것은
"10년 후에 나는 어떻게 될 것인가"이다.

뒷짐 지고 어물거리다가는
시간 금세 지난다.
지금 바로 행동하라.

허영만의
주식 타짜
단타의 고수 한봉호
설산

개정판 1쇄 발행 2025년 6월 20일

글·그림   허영만

펴낸이   신민식
펴낸곳   가디언
출판등록   제2010-000113호

CD   김혜수
마케팅   남유미
디자인   미래출판기획

종 이   월드페이퍼(주)
인쇄 제본   (주)상지사P&B

주 소   서울시 마포구 토정로 222 한국출판콘텐츠센터 419호
전 화   02-332-4103
팩 스   02-332-4111
이메일   gadian@gadianbooks.com

ISBN   979-11-6778-158-1 (03320)